Стивен Митфорд Гудсон

История Центральные банки
&
порабощения человечества

Omnia Veritas®

СТИВЕН МИТФОРД ГУДСОН
(1948 — 4 августа 2018 г.)

Стивен Митфорд Гудсон был южноафриканским банкиром, писателем и политиком. Он входил в совет Резервного банка Южной Африки (2003–2012) и возглавлял Партию за отмену подоходного налога и ростовщичества. Известный своей яростной критикой центральной банковской системы, ростовщичества и международных финансов, он является автором нескольких книг, в том числе «История центрального банковского дела и порабощения человечества» (A History of Central Banking and the Enslavement of Mankind). Его ревизионистские и противоречивые тезисы принесли ему обвинения в антисемитизме.

A History of Central Banking and the enslavement of mankind

История центральных банков — и порабощения человечества

Переведено с английского и опубликовано
OMNIA VERITAS LTD

OMNIA VERITAS®
www.omnia-veritas.com

Эта книга посвящена Кнуту Гамсуну,
свету и надежде на естественный мировой порядок.

И вы никогда не поймете ни американскую историю,
ни историю Запада за последние 2000 лет,
если не рассмотрите одну или две проблемы,
а именно: евреев и ростовщичество.
Либо одну, либо ДРУГУЮ, либо ОБЕ. Я бы сказал, что обе.

Эзра Паунд

ПРЕДИСЛОВИЕ

Содержание этой книги носит спорный характер и может вызвать бурную реакцию, поэтому я не одобряю все точки зрения, выраженные в ней.

Как такая, казалось бы, сухая тема, как история центральных банков и денежной системы, может вызвать подобные реакции? Можно задаться вопросом, почему некоторые будут осуждать эту книгу как несущую все признаки ереси, утверждая, что Стивен Гудсон вышел за рамки приемлемой исторической дискуссии.

Гудсон обладает необходимыми знаниями и опытом, чтобы освещать тему, которую он изучал в течение многих лет и последствия которой он лично испытал на себе в качестве неисполнительного директора Центрального банка Южной Африки.

У меня нет компетенции, позволяющей подтвердить выводы Гудсона, но я осознаю, что проблема, на которую он нажимает в отношении банковской власти и порождаемой ею денежной системы, является существенной составляющей нечеловеческих различий в распределении богатства как внутри одной страны, так и между всеми странами.

Именно по этой причине на протяжении многих лет моя партия и я утверждали, что Южная Африка должна реформировать свой Центральный банк и денежную систему, даже если это означает, что наша страна окажется за пределами несправедливых мировых стандартов.

Книги по экономике и банковскому делу обычно считаются труднодоступными. Их читатели в основном принадлежат к академическому и деловому миру. Эта книга является заметным исключением.

Эта книга не только дает обширный обзор истории экономики на протяжении более трех тысячелетий, но и раскрывает, как проблема ростовщичества способствовала постепенному порабощению человечества с самого начала его цивилизованного существования.

Некоторых шокирует осознание того, что центральные банки по всему миру, включая наш собственный Южноафриканский резервный банк, не служат общественным интересам, а действуют исключительно в интересах частных банковских учреждений. Это не только подрывает наш суверенитет, но и лишает нас возможности использовать публично эмитируемую валюту без долга, которая, следовательно, принадлежит суверенному народу как его собственное средство обмена товаров и услуг.

Вместо этого в нашей стране, как и во многих других, мы используем частную валюту, произведенную посредством долгов частным банковским сектором. Переход от банкнот к государственным банкнотам позволил бы нашему народу обрести достойную, процветающую и устойчивую жизнь. Но такая простая реформа стала бы настоящей революцией, более сложной для осуществления, чем любая другая реформа или социальное изменение, осуществленные до сих пор.

Хотя Южная Африка внешне вернулась на путь свободы в 1994 году, внутри страны, за исключением небольшого меньшинства чернокожих и белых предпринимателей, большинство населения не получило от этого никакой выгоды и ни малейшего процветания, и более того, не смогло реализовать свой скрытый потенциал, главным образом из-за нашей несовершенной денежной системы. Если мы хотим достичь подлинной свободы, необходимо провести денежную реформу с той же энергией и интенсивностью, что и политические реформы в годы борьбы. Но это требует понимания сложной проблемы того, как создаются деньги, кому они принадлежат и чьим интересам служат.

В этой книге Гудсон не только рассказывает о нескольких успешных попытках различных государств обойтись без системы частных банков, но и представляет проект, который решает многие из наших социальных проблем, таких как отсутствие экономического роста, высокий уровень безработицы и ухудшение качества государственных услуг.

Хотя книга и вызывает явно противоречивые отзывы, она заставляет задуматься, и южноафриканцам стоит прочитать ее как источник вдохновения для политической деятельности.

В своей речи перед Американской ассоциацией прессы 27 апреля

1961 года президент Джон Ф. Кеннеди заявил: «Без дискуссий и критики ни одна администрация и ни одна страна не могут добиться успеха — и ни одна республика не может выжить. Именно поэтому афинский законодатель Солон объявил преступлением отказ гражданина от участия в любых спорах».

Принц Мангосуту Бутелези, член парламента.
Председатель Партии свободы Инката,
Южно-Африканская Республика.

26 июня 2013 г.

ВВЕДЕНИЕ

История является важнейшим предметом любой системы образования, превосходя по значимости естественные и гуманитарные науки. В ее основе лежат культура, традиции, верования, дух и *смысл существования*, необходимые для продолжения жизни каждого народа. Если история подвергается фальсификациям и упущениям, часто навязываемым чужеземцами, то цивилизация приходит в упадок и в конечном итоге рушится, как мы можем наблюдать на примере медленного распада западной цивилизации с 1945 года. Джордж Оруэлл выразил похожую мысль в своем *романе «1984»*, написав: «Самый эффективный способ уничтожить народ — это отрицать и стереть его собственное понимание истории».

Уинстон Черчилль однажды заметил, что чем дальше мы уходим вглубь истории, тем яснее и очевиднее становятся вещи. Используя этот прием, автор надеется, что все сомнения, которые могут возникнуть у читателя в отношении его анализа и толкования событий современной истории, будут развеяны, если не полностью устранены.

Для того чтобы любая нация/государство/общество/сообщество сохраняло полный суверенитет своей независимости в ведении своих дел, абсолютный контроль над средствами, которые оно использует для обмена товарами и услугами, должен находиться в руках органов, представляющих народ, и никогда не должен передаваться отдельным лицам или частным группам интересов.

На протяжении всей известной истории периоды, когда государство контролировало эмиссию денег, всегда были синонимом эпохи процветания, мира, культурного расцвета, полной занятости и нулевой инфляции. Напротив, когда частные банкиры узурпируют контроль над созданием денег, неизбежными результатами становятся повторяющиеся циклы бедности и процветания, безработицы, эндемической инфляции, а также гигантский и нарастающий процесс перехода богатства и политической власти в руки этой небольшой клики, которая контролирует эту эксплуататорскую денежную систему. В прошлом, когда эти центральные банкиры сталкивались с сопротивлением наций, стремящихся к восстановлению честной денежной системы, эти паразитирующие банкиры неизменно провоцировали «патриотическую» войну, чтобы победить своего столь презираемого «врага». В этом заключается общая черта всех войн, происходивших по крайней мере последние 300 лет.

Эта книга дает представление о том, как частные банкиры с древнейших времен злоупотребляли денежной системой — будь то монеты из драгоценных металлов, банкноты, чеки или электронные деньги — создавая из ничего процентный долг, чтобы присвоить себе верховную власть. В ней также представлено как древнее, так и современное исследование обществ и цивилизаций, процветавших в среде, свободной от бремени ростовщичества.

Решение простое и очевидное. Если мы хотим вернуть себе свободу и сохранить суверенитет, освободившись от рабства, навязанного частными банкирами, мы должны демонтировать их банковскую систему частичных резервов и сеть, образованную центральными банками, иначе мы сами будем уничтожены и обречены на забвение.

Стивен Митфорд Гудсон

Июнь 2013 г.

ГЛАВА I

Как ростовщичество разрушило Римскую империю

Деньги, будучи по своей природе бесплодными, не могут приумножаться сами по себе; это абсурд и извращение их первоначальной роли, которая заключается в том, чтобы служить средством обмена, а не приумножения... Мы должны ненавидеть людей, называющих себя банкирами, ибо они обогащаются, ничего не делая.

- Аристотель, *«Политика»*

Денежные системы римской эпохи (753 г. до н. э. – 565 г. до н. э.) можно разделить на три отдельных периода, в которых в качестве средства обмена товарами и услугами использовались мерные единицы из трех различных металлов. Хотя существуют свидетельства того, что современное заселение (*Homo sapiens sapiens*) на территории Рима началось 14 000 лет назад (при этом неандертальцы жили в этом месте уже 140 000 лет), Рим как город традиционно считается основанным Ромулом и Ремом в 753 году до н. э. в окрестностях холма Палатин, в регионе, также известном как Лацио. Согласно легенде, Ромул (убивший своего брата Рема) стал его первым правителем, но позже разделил трон с Титом Татием, вождем сабинов.

Около 600 года до н. э. Лацио перешло под власть этрусков. Это господство продолжалось до тех пор, пока последний царь, Тарквиний Гордый, не был изгнан в 509 году до н. э. и не была провозглашена Римская республика. Этруски, народ арийского происхождения, создали одну из самых развитых цивилизаций того времени и построили в Риме дороги, храмы и множество общественных зданий.

Первой разменной монетой, использовавшейся в Риме, был скот. Речь шла не о настоящей валюте, а о системе бартера. Многие первобытные народы использовали скот в качестве средства обмена. Согласно легенде о Геракле и конюшнях Авгиаса, скот, который там разводился (более 1000 голов), представлял собой сокровище царя Авгиаса.

Медный век (-753–267 гг. до н. э.)

Со временем римляне стали использовать вместо скота неровные куски меди или бронзы. Эти куски назывались *aes rude* (сырой металл) и должны были взвешиваться при каждой сделке.

С ростом торговли Рим стал одним из самых процветающих городов древнего мира. Это процветание было основано на немонетизированной меди, а позднее — на бронзе, стоимость которых измерялась по весу в соответствии с фиксированной системой единиц. Они выпускались римским казначейством в виде слитков весом 1,6 кг с полной государственной гарантией и назывались *aes signatum* (штампованный металл), так как на них правительство штамповало изображения коровы, орла, слона или другие символы. Иногда они изготавливались в форме раковины Святого Иакова. В 289 г. до н. э. эти слитки были заменены дискообразными бронзовыми монетами, называемыми *aes grave* (тяжелый металл). Они представляли собой национальную валюту, выпускаемую государством, и каждая из них, будь то редкая или обычная, обладала только той стоимостью, под которой была зарегистрирована. »[1] Таким образом, эта валюта основывалась на законе, а не на содержании металла (хотя это содержание было стандартизировано, и монеты сами по себе обладали внутренней стоимостью, в отличие от большинства современных монет). Это можно рассматривать как примитивный пример успешного использования бумажной валюты.

Хотя фиатная валюта подвергается резкой критике со стороны некоторых течений, например, последователей австрийского экономиста Людвига фон Мизеса ([2]), она не представляет никакой проблемы, пока выпускается правительством, а не частными банкирами, и остается защищенной от подделки. Напротив, нефиатная валюта имеет следующий недостаток: те, кто устанавливает цены на золото и серебро, то есть частные банкиры, могут контролировать экономику страны.

[1] Дэвид Астл, *«Вавилонское горе»*, Omnia Veritas Ltd, 2015. Эта система имеет много общего с системой *пелоноров*, или железных слитков, которые спартанцы использовали в качестве основы своей денежной системы.

[2] Людвиг фон Мизес (1881–1973) — один из лидеров австрийской экономической школы и ярый сторонник золотого стандарта.

Римские бронзовые монеты *Aes Grave* — 241–235 гг. до н. э.

До 300 г. до н. э. наблюдался беспрецедентный рост частного и государственного богатства римлян. Это можно оценить по территориальным завоеваниям. После окончания Второй Латинской войны в 338 г. до н. э. и поражения этрусков территория Римской Республики увеличилась с 5 525 $км^2$до 26 805 $км^2$, что составляло 20 % территории Италийского полуострова. Наряду с этой территориальной экспансией население выросло примерно с 750 000 до миллиона человек, причем 150 000 человек проживали в самом Риме.

Между Сенатом и народом было заключено партнерство, известное под названием *Senatus Populusque Romanus* (SPQR, — Сенат и народ Рима). Политические лидеры славились своей бережливостью и честными добродетелями. Средства обмена строго регулировались в соответствии с ростом населения и торговли, благодаря чему инфляции не было.

Нексум, долговая кабала, при которой свободный человек предлагал свои услуги в качестве гарантии за ссуду плюс проценты, а в случае непогашения долг должен был быть погашен в виде труда, был отменен после плебейских волнений законом *lex Poetilia*[3] в 326 г. до н. э.

Серебряный век

[3] Неумолимую критику пагубного воздействия ростовщичества на население до принятия *закона Поэтилия* см. у Тита Ливия, *«История Рима»*, книга II, английский перевод, William Heinemann Ltd, Лондон, 1919.

(-267–27 гг. до н. э.)

Традиционная денежная система была разрушена в 267 г. до н. э., когда патрицианская элита получила привилегию чеканить серебряные монеты. Это изменение было символизировано патрицием, который отправился в храм Юноны Монеты (откуда и происходит термин «монета»), чтобы обменять мешок, полный серебряных *денариев*, на сумму, в пять раз превышающую их первоначальную стоимость, просто отчеканив монеты с новым номиналом. Таким образом, он присвоил себе весьма существенную разницу в свою пользу.

Первая римская серебряная монета была известна под названием *драхма* и была создана по образцу монеты, использовавшейся на юге Греческого полуострова. Позже она была заменена более мелкой и легкой версией — *денарием*. Существовал также *полуденарий*, называемый *квинарием*, и четверть единицы, называемая *сестерцием*. Позже эта система была вытеснена *викториатом*, который был немного легче *денария* и, вероятно, был создан для облегчения торговли между Римом и его греческими соседями.

На Апеннинском полуострове было очень мало запасов серебра, и в результате римская армия была вынуждена расширяться, чтобы завоевывать другие территории, где оно было в изобилии. Римские крестьяне, которые обеспечивали Республике значительную продовольственную автономию, массово призывались в армию. Сельскохозяйственное производство, особенно выращивание кукурузы, сократилось, а крестьянские хозяйства были заменены *латифундиями* — обширными поместьями, обслуживаемыми рабами. Пшеницу также приходилось ввозить из Северной Африки.

Серебряная монета Римской Республики — *денарий*, с изображением (слева) богини Юноны Монеты и (справа) победоносного боксера.

Напряженность в отношениях между Римом и его италийскими союзниками, связанная с условиями предоставления гражданства и освобождения от рабства, привела к Марсикской войне (90–89 гг. до н. э.). Отсутствие права на освобождение привело к фрагментации римского общества и отчуждению граждан из рабочего класса, которых обращались как с скотом и которые, таким образом, не несли никакой ответственности и не имели никаких обязательств перед государством. До Второй Пунической войны (218–201 гг. до н. э.) им не разрешалось служить в армии. Перед нами классический пример общества, которое было монетизировано. Республика была ослаблена, а деспотизм усиливался. Пиратство стало серьезной проблемой: на побережье происходили набеги, грабили виллы и похищали путешественников. Насилие стало повсеместным, а в Риме орудовали бандиты и террористы, поскольку не осталось полиции, способной поддерживать закон и порядок. Таковы неизбежные последствия общества, в котором деньги стали высшей ценностью.

Политические интриги также были в порядке вещей среди элиты. Экономические лишения вызывали недовольство среди бедных, которые все чаще становились рабами из Северной Африки, что приводило к социальным восстаниям. Эти беспорядки достигли своего апогея в восстании под предводительством Спартака в 73–71 гг. до н. э. (Первое и второе восстания произошли в 135 и 132 гг. до н. э. и в 104–100 гг. до н. э.)

Роль евреев в крахе

Первыми известными евреями, прибывшими в Рим в 161 году до н. э., были Иегуда и Маккавей. Эти римские евреи занимались ремеслами, торговлей и разносчицким промыслом. Они также занимались ростовщичеством. Они жили отдельной общиной в выделенных кварталах. Они самоуправлялись по своим собственным законам и были освобождены от военной службы.

В 139 г. до н. э. те, кто не был римскими гражданами, были изгнаны претором Испанусом за прозелитизм, но вскоре вернулись. В 19 году н. э. посредством *сенатского постановления* император Тиберий изгнал 4000 евреев, которые были вовлечены в различные скандалы, но ни одна из этих изгнаний не была проведена должным образом, и их дальнейшее присутствие, особенно в качестве ростовщиков, должно было сыграть значительную роль в упадке и крахе Римской империи.

Изгнание евреев из Рима императором Адрианом в 35 г. н. э., как изображено на рукописи XV века из библиотеки Арсенала в Париже.

Юлий Цезарь

Юлий Цезарь (100–44 гг. до н. э.) родился в аристократической семье 12 июля 100 г. до н. э. Он был высокого роста, имел светлую кожу и недолгое время работал адвокатом, прежде чем стал блестящим полководцем, завоевавшим Галлию (Францию) в период с 59 по 52 г. до н. э. После победы над Помпеем Великим в 48 г. до н. э. при Фарсале Цезарь стал бесспорным правителем Римской Республики. Вернувшись в Италию в сентябре 45 г. до н. э., Цезарь обнаружил, что улицы и целые города заполнены бездомными, которых ростовщики и монополисты выгнали из их жилищ и с их земель. Ежедневно в государственной столовой приходилось кормить 300 000 человек. Ростовщичество со всеми его катастрофическими последствиями процветало.[4]

[4] «Имперская демократия, которая держала весь мир под своим господством: от сенаторов с громкими именами до самого скромного земледельца, от Юлия Цезаря до самого скромного лавочника в переулках Рима — все они были во власти небольшой группы ростовщиков». » Цитируется по: Г. Ферреро, *«Величие и упадок Римской империи»*, т. VI, William Heinemann Ltd, Лондон, 1908, с. 223.

Римский форум был заказан Юлием Цезарем в 54 г. до н. э. и посвящен ему в 46 г. до н. э. Это был центр Древнего Рима, где Цезарь встретил свою гибель 15 марта 44 г. до н. э.

Крупнейшие ростовщики, большинство из которых были евреями[5], взимали проценты в размере до 48 % годовых. Как отмечает философ Сенека (4 г. до н. э. – 65 г. н. э.) в *«De Superstitione»*: «Обычаи этого столь преступного народа приобрели такую силу, что теперь они приняты во всех странах. Покоренные диктуют законы завоевателям».

В то время существовали две основные политические партии: *«оптиматы»*, объединявшие дворянство, сенат и небольшое число привилегированных, и *«популяры»*, представлявшие простых граждан. Цезарь сразу же встал во главе последних.

Цезарь полностью понимал вред ростовщичества и знал, как с ним бороться. «Он понимал глубокую истину, что деньги — это национальный инструмент, созданный законом для национальных целей, и что ни одна группа людей не должна

[5] Цицерон, Марк Туллий: «Тише! Тише! Я не хочу, чтобы меня слышал кто-либо, кроме судей. Евреи уже доставили мне достаточно неприятностей, как и многим другим людям. Я не намерен давать им еще больше поводов для злословия. » Цит. по: W. Grimstad, *Antizion*, Noontide Press, Торранс, Калифорния, 1985, 29. Цицерон был адвокатом защиты на процессе над Флакком, римским чиновником, который вмешался в перевозку грузов золота, которые евреи доставляли в свой международный штаб, расположенный (тогда, как и сейчас) в Иерусалиме. Сам Цицерон был не кем-нибудь, и то, что человеку его масштаба пришлось «говорить мягко», показывает, что он находился в присутствии чрезвычайно опасной сферы влияния. В таком случае можно задаться вопросом, кто же были настоящие преследователи.

иметь права изымать их из обращения с целью вызвать панику, чтобы спекулянты могли повысить свои процентные ставки или приобрести имущество по бросовым ценам после таких кризисных периодов».[6]

Он провел следующие социальные реформы:

1) Погашение ипотечных кредитов производилось на основе самой низкой оценки, известной до гражданской войны. (49–45 гг. до н. э.)

2) Было объявлено несколько амнистий по уплате арендной платы.

3) Большому числу бедных граждан и ветеранов были выделены земельные участки.

4) Бесплатное жилье было предоставлено 80 000 бедных семей.

5) Зарплата солдат была увеличена со 123 до 225 *денариев.*

6) Был регламентирован налог на кукурузу.

7) Провинциальные общины получили автономию.

8) Путаница с календарем была устранена путем установления его продолжительности в $365^{1}/_{4}$ дней, начиная с ^{1}января 44 г. до н. э.

Его денежные реформы были следующими:

1) Государственный долг был немедленно сокращен на 25%.

2) Контроль над чеканкой монет был передан от патрициев (ростовщиков) правительству.

3) Были выпущены монеты небольшого номинала в качестве средств обмен.

4) Было постановлено, что проценты не могут превышать 1% в месяц.

5) Было постановлено, что на проценты не могут начисляться проценты, а общая сумма процентов

---

[6] Т. Э. Уотсон, *«Очерки из римской истории»*, The Barnes Review, Вашингтон, округ Колумбия, 2011 г. (впервые опубликовано в 1908 г.), стр. 84–85.

никогда не может превышать сумму первоначально предоставленного капитала (правило *in duplum*).

6) Рабство как средство погашения долгов было отменено.

7) Аристократы были вынуждены использовать свой капитал, а не копить его.

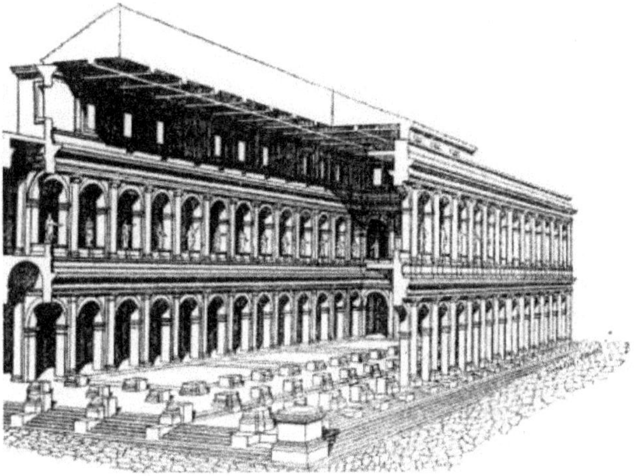

Базилика Юлия была римским судом на Форуме, посвященным Юлию Цезарю в 46 г. до н. э.

Эти меры привели в ярость аристократов и плутократов, чьи «источники дохода» были жестко ограничены. Таким образом, они сговорились убить Цезаря, героя народа. В то роковое утро 15 марта 44 г. до н. э., спустя всего четыре года после получения полных полномочий, он вошел в здание Сената без оружия, отпустив свою военную охрану, которой он обычно окружал себя. Окруженный 60 заговорщиками, он был заколот 23 ножевыми ударами.

Золотой век (27 г. до н. э. — 476 г. н. э.)

В 27 году до н. э., вскоре после смерти Цезаря (и его обожествления), римляне перешли на золотой стандарт; это решение оказало влияние на финансовую стабильность империи и непосредственно способствовало её гибели. Ранее, во времена Римской Республики, золотые монеты чеканились только в случае крайней необходимости, например, во время Второй

Пунической войны или похода Суллы. В Европе было мало золотых рудников, за исключением отдаленных мест, таких как Уэльс, Трансильвания и Испания. Таким образом, большая часть поставок могла обеспечиваться только из Востока. Это требовало наличия большой и дорогостоящей армии, которая была вовлечена в постоянные конфликты на границах империи.

Золотая монета называлась *ауреус*. В обращении также находился серебряный *денарий*, а также различные медные монеты: *сестерций*, *дупондий* и *ас*.

Дефицит золота или товарно-денежных средств часто приводил к периодам дефляции из-за недостаточного обращения средств обмена. В 13 г. до н. э. было принято решение уменьшить вес золотого *денария* со 122 до 72 гранов. Это оставалось нормой до 310 г. н. э. Однако металлы продолжали утекать на Восток в качестве оплаты за роскошные товары, религиозные пожертвования и выплаты ростовщикам. Кроме того, износ в результате интенсивного использования привел к потере трети всех металлических монет, находившихся в обращении, за период в 100 лет.

Поскольку золото рассматривалось как товар, его обесценивание не допускалось. Император Константин (275–337 гг. н. э.) лично издал указ о смертной казни за подделку и сожжении на костре для владельцев рудников, виновных в фальсификации. Менялы, не возвращавшие поддельный золотой безант (*солидус)*, немедленно подвергались бичеванию, порабощению и изгнанию. Эти меры оказались эффективными в отношении безанта весом 70 гранов, что было чуть тяжелее, чем безант, все еще находившийся в обращении в 1025 году и весивший 68 гранов.

В 313 году христианство было легализовано Миланским эдиктом, а с 380 года император Феодосий [I](347–395 гг. н. э.) провозгласил его официальной религией. С этого момента денежно-кредитная власть перешла под религиозную юрисдикцию *понтифекса максимуса*. Одним из признаков имперской эпохи была социальная несправедливость и подавление среднего класса чрезмерным налогообложением. Римский деловой человек был не торговцем, а грабителем провинций, поскольку страна обладала слабой промышленной базой, неспособной производить необходимые промышленные товары. По мере того как продолжалась монетизация общества, а богатые паразитировали на народе, плебей превращался в своего рода раба. Отмена системы присяжных была симптомом утраты уважения и значимости, придаваемых простому человеку в римском обществе.

Золотая монета, отчеканенная императором Александром Севером в 222–235 гг. н. э.

Роль Церкви в упадке и падении

Налог, введенный императором Константином, согласно которому 1/10 часть всех доходов должна была отдаваться христианской церкви, ускорила разрушение империи. В конце концов Церковь стала владеть от трети до половины всех земель и совокупного богатства. Такая концентрация богатства привела к дефициту металлической монеты. Деньги существовали, но не использовались для распределения или обращения товаров и услуг. Вместо того чтобы реинвестировать доходы от десятины в сообщество или направлять их на благотворительность, например на строительство больниц, школ и библиотек, огромные запасы золота накапливались за толстыми стенами (30,5 метров) укрепленного города Константинополя и Ватикана в Риме.

В последние годы V и VI веков Римская империя превратилась в паразитический организм, подверженный чередующимся фазам инфляции и дефляции. Ее экономический упадок предшествовал политическому краху. Промышленного производства больше не было, почти все продовольствие приходилось ввозить, а ростовщичество практиковалось в беспрецедентных масштабах. Богатства империи, которые не принадлежали Церкви, контролировались 2000 римскими семьями. Остальное население жило в бедности.

Последствия

Распад западной половины империи в 476 году, последовавший за неоднократными набегами готов и вандалов, привёл к наступлению «темных веков». За этим последовал дефляционный кризис, длившейся несколько столетий. По данным Комиссии по серебру США 1876 года, стоимость металлической монеты Римской империи на пике её могущества составляла 1,8 миллиарда долларов, но к концу «Тёмных веков» она сократилась до 200 миллионов долларов. Сельскохозяйственное производство сократилось до уровня, обеспечивающего лишь пропитание. Корабли исчезли, так как торговли больше не было. Торговля зашла в тупик. Искусства и науки были утрачены, а мастерство изготовления строительного цемента исчезло.

Основными факторами упадка Римской империи стали концентрация богатства[7], отсутствие месторождений полезных ископаемых для промышленного производства и массовый ввоз небелых рабов, приведший к генетической деградации нации. В течение IV века из-за снижения рождаемости среди римских женщин число рабов превышало число граждан в соотношении пять к одному. Самой важной экономической причиной стала недоступность доступной разменной монеты и ложное представление о том, что монета должна рассматриваться как товар.

Таким образом, с экономической точки зрения уроки падения Рима заключаются в том, что нечестная экономическая система неизбежно будет способствовать силам распада. Ни одно общество не может выжить при несправедливой экономической системе. Для того чтобы общество могло функционировать и процветать, абсолютно необходимо, чтобы средства обмена

[7] «Когда рухнуло правительство Древнего Египта, 4 процента населения владели всем богатством. Когда рухнула вавилонская цивилизация, 3 процента населения владели всем богатством. Когда была разрушена Древняя Персия, 2 процента населения владели всем богатством. Когда древняя Греция пришла в упадок, половина процента населения владела всем богатством. Когда Римская империя рухнула, две тысячи человек владели всем богатством цивилизованного мира. Затем наступила «темная эпоха», из которой мир вышел только тогда, когда богатство перестало быть столь сконцентрированным. Сегодня менее одного процента населения контролирует 90 процентов богатства Соединенных Штатов». — Цитируется Р. Магуайром в «Money Made Mysterious», журнал *American Mercury*, Нью-Йорк, 1958, 98. (*Журнал American Mercury* был основан Х. Л. Менкеном в 1924 году.

выпускались без долга и без процентов законной властью государства как вечным представителем народа.

ГЛАВА II

ТАЙНЫЕ ИСТОКИ БАНКА АНГЛИИ

… все важные события были искажены, большинство важных причин сокрыто… Если история Англии когда-нибудь будет написана кем-то, кто обладает необходимыми знаниями и мужеством, мир будет потрясен.

– Бенджамин Дизраэли,
премьер-министр
Великобритании.

Древняя Англия

Король Оффа правил королевством Мерсия[8], которое граничило на севере с реками Трент и Мерси, на юге с долиной Темзы, на западе с Уэльсом, на востоке с Восточной Англией и Эссексом, с 757 по 791 год н. э. Оно входило в число семи автономных королевств англосаксонской гептархии.

Оффа был мудрым и способным управленцем, а также великодушным правителем. Он ввел в Англии первую денежную систему. Ввиду дефицита золота он использовал серебро для чеканки монет и в качестве средства накопления богатства. Стандартной денежной единицей был серебряный фунт (pound), делившийся на 240 пенни. На пенни чеканилась звезда (от древнеанглийского *stearra*), откуда и произошло слово «стерлинг». В 787 году король Оффа ввел закон, запрещающий ростовщичество, то есть взимание процентов с одолженных денег — понятие, уходящее корнями в языческие времена. Законы против ростовщичества были ужесточены королем Альфредом (865–899), который постановил конфисковывать имущество ростовщиков, а в 1050 году Эдуард Исповедник (1042–1066) объявил не только конфискацию их имущества, но и объявление ростовщиков вне закона и их пожизненное изгнание.

[8] Латинизация фамилии Мерс.

Первая миграция и изгнание евреев

Евреи прибыли в Англию в 1066 году, накануне победы Вильгельма Завоевателя над королем Гарольдом II в Гастингсе 14 октября. Эти евреи прибыли из Руана, расположенного в 120 километрах от утесов Нормандии, где Вильгельм Завоеватель родился внебрачно, как Вильгельм Бастард. Хотя исторические архивы не указывают, что они продвигали идею военного вторжения в Англию, эти евреи, по крайней мере, финансировали его. За эту поддержку они были щедро вознаграждены разрешением заниматься ростовщичеством под королевской защитой.[9]

Последствия для английского народа были катастрофическими. Взимая процентную ставку в 33% годовых с земель, заложенных дворянами, и 300% годовых с коммерческого имущества или недвижимости рабочих, за два поколения четверть всех английских земель оказалась в руках еврейских ростовщиков. После своей смерти в 1186 году Аарон из Линкольна был признан самым богатым человеком в Англии, и считалось, что его состояние превосходило состояние короля Генриха II.[10] С другой стороны, еврейские иммигранты стремились подорвать этику гильдий и вызывали раздражение английских купцов, продавая широкий ассортимент товаров под одной крышей. Они также играли ведущую роль в вырезании серебряных монет и их переплавке в слитки, чтобы покрыть ими оловянные монеты.

Известный экономист доктор Уильям Каннингем сравнивает «деятельность евреев в Англии с XI века с губкой, впитывающей все богатства земли и тем самым сдерживающей всякое экономическое развитие». Интересно также отметить, что даже в те далекие времена правительство делало все, что было в его силах, чтобы побудить евреев заниматься честной торговлей и тем самым ассимилироваться с остальным населением, но все это без малейшего положительного результата».[11]

В начале XIII века многие дворяне оказались под угрозой потери своих земель из-за ростовщичества и налогов. В 1207 году с христианского населения была взимана огромная сумма в

---

[9] С. М. Гудсон, «В похвалу средневековой Англии», *Spearhead*, июль 2005 г.
[10] Р. Чазан, *«Евреи средневекового западного христианского мира 1000–1500»*, Cambridge University Press, Нью-Йорк, 2006, стр. 159.
[11] W. Cunningham, *The Growth of English Industry and Commerce during the Early and Middle Ages*, Cambridge University Press, 3-е издание, 1896, стр. 201.

размере 60 000 фунтов стерлингов в виде налогов. Евреи также платили налог, но по сниженной ставке и с значительно заниженной стоимостью имущества и доходов.[12] Дворяне, бравшие в долг у еврейских ростовщиков, а также у короля и его агентов, должны были регистрировать свои залоги в Казначейских реестрах. Как только дворянин попадал в финансовые затруднения, король выкупал долг у ростовщика и захватывал землю для себя. Король Джон (1199–1216) был «совершенно безответственным» в проведении этой нечестной и развращенной политики, а кроме того, был «развратным, некомпетентным и полностью находился под властью своих евреев».[13]

Король Англии Джон подписал Великую хартию вольностей в Раннимеде в 1215 году.

В 1215 году дворяне подняли восстание и заставили короля Иоанна подписать Великую хартию вольностей (Magna Carta) 15 июня 1215 года. Этот документ содержит 61 пункт, касающийся установления различных конституционных и юридических прав, но его главной целью было снять иго, наложенное еврейскими ростовщиками, и отменить ростовщичество и привилегированное положение евреев. 19 октября 1216 года король Иоанн умер, и его преемником стал его девятилетний сын Генрих III, правивший с 1219 по 1272 год. Его правление протекало под более благоприятными знамениями, чем правление его отца, и 19 положений, касающихся евреев, были отменены в следующем году. Однако его наследник Эдуард

[12] Происхождение Великой хартии вольностей, *The Occidental Observer*, 19 мая 2013 г.
[13] Там же.

I(1272–1307) вскоре понял, что евреям не место в английском обществе[14] и что, если он не примет меры, ему грозит потеря трона. В 1233 и 1275 годах были обнародованы Статуты о евреях, отменявшие любую форму ростовщичества. Поскольку многие из этих евреев больше не могли «зарабатывать на жизнь», 18 июля 1290 года король Эдуард издал указ, обязывающий все еврейское население, насчитывающее 16 511 человек, навсегда покинуть Англию.[15] Это была одна из более чем ста изгнаний, которые имели место на протяжении всей европейской истории. Это объявление было встречено с большой радостью по всей стране. В отличие от современной практики этнических чисток, евреям, после уплаты налога в размере$^{1/15\text{-й}}$части стоимости их имущества и$^{1/10\text{-й}}$части их денежных средств, было разрешено уехать, взяв с собой все свое имущество. Любой еврей, оставшийся в королевстве после 1 ноября 1290 года (дня Всех святых), рисковал быть казненным.

---

[14] Ритуальное убийство христианских мальчиков-подростков стало той критической чертой, которая привела к изгнанию евреев. Во время еврейской Пасхи мальчика похищали, а затем замучивали до смерти. Затем его кровь смешивали с пресноватым тестом, выпекали и позже употребляли в пищу в виде раввинских печенья. Первый известный случай произошел в 1144 году, а самым известным из всех стал случай с маленьким святым Хью в Линкольне в 1255 году. Король Генрих III лично распорядился провести судебное расследование, которое включало судебно-медицинскую экспертизу, проводимую судьями. 91 еврей был арестован за участие в этом жестоком убийстве, в ходе которого жертву пытали, распяли, замучили до смерти и бросили в колодец. Подробности судебного процесса зафиксированы в «Close Rolls of the Realm» и «Patent Rolls» Национального архива по Генриху III в Кью, Ричмонд, графство Суррей, TW9 4DU. Джеффри Чосер написал стихотворение, посвященное убийству Маленького Хью, в «Рассказе аббатисы», который входит в *«Кентерберийские рассказы»*. Братья Гримм написали *«Der Judenstein»* (Еврейский камень) о ритуальном убийстве трехлетнего Андреаса (Андерла) Окснера в Ринне, Австрия, в 1492 году. В книге *«In My Irrelevant Defence: Meditations Inside Gaol and Out on Jewish Ritual Murder» (*Издательство I.F.L. Printing and Publishing Co., Лондон, 1938 г.), с. 57, Арнольд Лиз объясняет, что эти ритуальные убийства практиковались вплоть до ^{XX}века. В феврале 2007 года израильский профессор Ариэль Тоафф, сын Элио Тоаффа, бывшего главного раввина Рима, написал книгу *«Pasque di sangue: Ebrei d'Europa e omicidi rituali»* (*Кровавая Пасха: евреи Европы и их ритуальные убийства*), в которой он подтверждает частоту ритуальных убийств в средневековой Италии. Анализ его работ см. в статье *«Кровавые Пасхи доктора Тоаффа»* (*The Bloody Passovers of Dr Toaff*) Израиля Шамира www.israelshamir.net/English/Eng11.htm

[15] Д. Астл, *«The Tallies, A Tangled Tale and The Beginning and the Ending»*, самоиздание, Торонто, 1997, стр. 40 и 43. Астл объясняет, что некоторые из этих евреев поселились в Швейцарии и основали три первоначальных кантона Ури, Швиц и Об — а год спустя и Нивальден.

Славные средневековье

С изгнанием ростовщиков и отменой ростовщичества[16] налоги вернулись к умеренному уровню, а государственного долга больше не осталось, поскольку для покрытия государственных расходов использовался «счетный жезл» без процентов[17]. Этот древний финансовый инструмент, известный сарацинам и, вероятно, также китайцам, происходит от латинского слова *tallia*, что означает «жезл». Счетная палочка изготавливалась из ветки орешника, ивы или самшита, поскольку эти породы дерева легко делились. Обычно они были длиной восемь дюймов (20,3 см) (расстояние между указательным пальцем и большим пальцем) и шириной полдюйма (1,3 см), хотя могли достигать длины до восьми футов (2,44 м). Суммы указывались размером надрезов на дереве. 1000 фунтов обозначались надрезом шириной в ладонь, 100 фунтов — шириной мизинца, 1 фунт — размером с набухшее ячменное зерно, шиллинги обозначались еще более мелкими надрезами, а пенсы — прорезами. Имя получателя записывалось на плоских сторонах. Когда все детали были указаны на палке, ее разрезали в непосредственной близости от нижней части, так что одна часть сохраняла сучок или отметку, в которую можно было просверлить отверстие. Эта часть называлась «контрпалкой» или «квитанцией» и хранилась на стержне в Эквире (Счетной палате). Плоская полоска (без пенька) передавалась получателю. Поскольку ни один кусок дерева не бывает идентичным другому, подделать счетную палку было невозможно. Эти платежные инструменты были впервые введены при правлении короля Генриха II (1100–1135) и оставались в обращении до 1783 года.[18] Однако именно в период 1290–1485 годов палочки достигли своего расцвета, став основным средством финансирования государства. Палочки использовались не только для выплаты заработной платы государственным служащим, но и для финансирования крупных инфраструктурных проектов, таких как строительство городской

[16] В 1364 году Эдуард III разрешил лондонскому Сити издать *«Ordinatio contro Usurarios»*, а в 1390 году был принят еще один закон.

[17] Д. Астл, указ. соч., с. 12–17.

[18] По иронии судьбы 16 октября 1834 года для обогрева Палаты общин использовали стопки сломанных счетных палок. Возникший в результате пожар был настолько сильным, что вышел из-под контроля и уничтожил весь комплекс, за исключением Вестминстерского зала и монастырского двора Святого Стефана. Во время реконструкции Палаты общин мозаика на полу входного зала была выполнена в форме гигантской звезды Давида (вероятно, под влиянием Ротшильдов).

стены Лондона, общественных зданий и портов. Точное количество батонов в обращении неизвестно, но еще в 1694 году в обращении находились батоны на сумму 17 миллионов фунтов стерлингов. Это была огромная сумма, поскольку годовой бюджет короля редко превышал 2,5 миллиона фунтов стерлингов, а фермер зарабатывал один пенни в день.

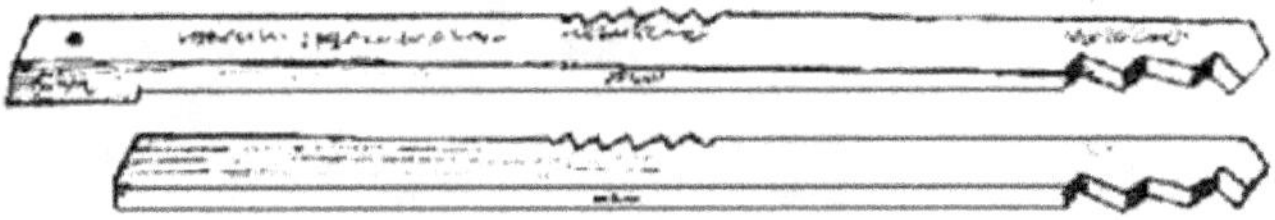

Средневековые бухгалтерские палочки XV века

Благодаря разумной ставке налогообложения,[19] отсутствию государственного долга и необходимости выплачивать проценты, Англия переживала беспрецедентный период роста и процветания. Средний крестьянин работал всего 14 недель в году и пользовался от 160 до 180 дней отпуска. По словам лорда Леверхулма,[20] писателя того времени: «Люди XVвека получали очень хорошую зарплату», настолько хорошую, что покупательная способность, обеспечиваемая их заработком, и их уровень жизни, по всей вероятности, превзошли бы только в XIXвеке. Фермер мог обеспечить благополучие и все необходимые потребности своей семьи. Крестьяне были хорошо одеты в шерстяную одежду и имели в изобилии мясо и хлеб.

[19] Г. М. Тревельян в своей книге *«English Social History, A Survey of Six Centuries: Chaucer to Queen Victoria»* (Longmans Green and Co., Лондон, 1948) пишет, что Англия: «была страной, где люди не страдали от налогов», с. 63, и что: «упорный отказ платить налоги был характерной чертой англичан того времени», с. 107.

[20] Р. К. Хоскинс, *«Циклы войны – циклы мира»*, The Virginian Publishing Company, Линчбург, Вирджиния, 1985, стр. 54.

Поскольку крестьянам приходилось работать всего 14 недель в году, многие из них посвящали свое свободное время строительству великолепных соборов Англии. Йоркский собор был завершен в 1472 году и имеет самую большую площадь витражей в мире.

Хьюстон Стюарт Чемберлен, англо-немецкий философ, подтверждает эти условия жизни в своей *книге «Основы XIX века»:*

> «В XIII веке, когда германские народы начали строить свой новый мир, крестьяне по всей Европе были свободными людьми, чья жизнь была гораздо более стабильной, чем сегодня; *копихолд*[21] был нормой, так что, например, Англия — сегодня место феодализма, приносящего выгоду землевладельцам — еще в XV веке была страной, полностью находящейся в руках тысяч фермеров, которые были не только законными владельцами своих земель, но и обладали, кроме того, равными правами на пастбища и леса».[22]

В свободное время многие ремесленники добровольно применяли свои таланты для строительства некоторых из самых великолепных соборов Англии, что подтверждает один из основных принципов западной цивилизации, согласно которому

---

[21] *Копихолд* был формой феодального земельного права, характерной для Англии, которая произошла от системы крепостного права.

[22] Х. С. Чемберлен, *«Основания девятнадцатого века»*, The Bodley Head, Лондон, 1912, т. II, с. 354–355.

без свободного времени расцвет культуры невозможен. Английский историк Джордж Маколей Тревельян описывает эти достижения следующим образом:

> «Непрерывная, но постоянно развивающаяся традиция церковной архитектуры продолжалась величественно, наполняя Англию чудесными сооружениями, которым не было равных ни у древних, ни у современных… В новых церквях свет больше не проникал, а теперь заливал помещения через витражи, секрет изготовления которых сегодня утрачен еще полнее, чем магия этой архитектуры».[23]

Хотя король Генрих VIII (1509–1547) в 1509 году смягчил законы о ростовщичестве, позже они были отменены его сыном, королем Эдуардом VI (1547–1553), законом 1552 года, в преамбуле которого говорилось, что «ростовщичество, согласно слову Божьему, полностью запрещено, как один из самых отвратительных и презренных пороков…»

Конец «Золотого века»

«Веселая **Англия**» в XV веке –
Празднование 1 мая танцами вокруг мачты.

[23] Г. М. Тревельян, указ. соч., с. 51.

В течение XVII века этот «золотой век» пришел к трагическому концу. Большое количество евреев, изгнанных из Испании в 1492 году Изабеллой I Кастильской и Фердинандом II Арагонским[24] из-за их постоянной ростовщической деятельности и недобросовестных торговых практик, нашли убежище в Голландии. Хотя голландцы в то время были значительной морской державой, еврейские ростовщики, базировавшиеся в Амстердаме, стремились вернуться в Англию, где их перспективы расширения операций своей империи денежных займов были гораздо более многообещающими.

При правлении королевы Елизаветы I (1558–1603) небольшая группа испанских евреев-маранов, принявших лицемерную форму христианства, поселилась в Лондоне. Многие из них были ювелирами и соглашались хранить вклады из золота, а затем выдавали в десять раз больше сохраненного золота в виде векселей на предъявителя, то есть ссуд под проценты. Эти квитанции, предшественники мошеннической банковской системы частичных резервов, изначально сдавались в аренду Короне или Казначейству под 8% годовых, но, по словам Сэмюэля Пеписа (Samuel Pepys),[25] летописца и секретаря Адмиралтейства, процентные ставки повышались до 20% и даже 30% в год.[26] Процентные ставки, которые платили купцы, часто превышали 33% годовых, хотя законная ставка составляла всего 6% годовых.[27] Рабочие и бедняки несли бремя этих непомерно высоких процентных ставок, вынужденные платить 60%, 70% или даже 80% годовых.[28] По словам Майкла Годфри, автора памфлета под названием *«Краткое изложение о Банке Англии»*, в результате банкротств ювелиров и исчезновения их служащих-клерков было потеряно от двух до трех миллионов фунтов.[29]

Кромвель и Английская гражданская война

В 1534 году Актом о верховенстве король Генрих VIII

---

[24] Декрет Альгамбры, также известный как Эдикт об изгнании.

[25] А. М. Андреадес, *«История Банка Англии»*, P. S. King & Son Ltd, Лондон, 1935, с. 35. Пепис описывает эти непомерно высокие процентные ставки как «самый ужасный позор».

[26] Там же, с. 24. Автор также опирался на работу Исаака Дизраэли *«Ростовщики XVII века»*. www.gutenberg.org/ebooks/16350?msg=welcome_stranger

[27] Там же, с. 24.

[28] Там же, с. 47.

[29] Там же, 24–25.

провозгласил Англиканскую церковь официальной религией Англии. В XVI и XVII веках пуританские верования, основанные на учениях Джона Уиклифа и Жана Кальвина[30], привлекали всё больше последователей. Пуритане считали Библию истинным законом Божьим и настаивали на чтении Библии, молитве и проповеди, а также на упрощении обрядов таинств.

Король Стюарт Карл I (1625–1649), стремившийся сохранить превосходство Англиканской церкви, оказался втянут в ожесточенный конфликт с пуританами, которые добивались больших успехов в прозелитизме среди населения. После убийства доверенного друга и советника Карла, герцога Букингемского, в 1628 году он оказался все более изолированным.

Растущее религиозное разделение предоставляло идеальную возможность для еврейских заговорщиков. Как пишет Израиль Дизраэли, отец премьер-министра Бенджамина Дизраэли, в своей книге *«Жизнь и правление Карла I»*: «Нация была хитроумно разделена на «саббатианцев» с одной стороны и нарушителей субботы с другой».[31]

В 1640 году один из лидеров подпольной еврейской общины, Фернандес Карвахаль, купец и шпион, также известный как «Великий еврей», организовал вооруженное ополчение численностью около 10 000 человек, которое использовалось для запугивания лондонского населения и сеяния смуты. Также было распространено большое количество памфлетов и брошюр.[32]

В результате разразилась гражданская война между роялистами (англиканами) и круглоголовцами (пуританами), которая длилась с 1642 по 1648 год. Круглоголовцы с их «армией новейшего образца» одержали победу и, по оценкам, унесли жизни 190 000 человек, что составило 3,8 % населения. Лидером «Круглоголовых» был Оливер Кромвель (1599–1658), чья «армия новейшего образца» не только была оснащена и обучена предпринимателем и профессиональным агитатором Фернандесом Карвахалем, но и финансировалась еврейскими ростовщиками из Амстердама. Лидер голландских евреев

---

[30] A. H. M. Ramsay, *The Nameless War*, Britons Publishing Co., Лондон, 1952, с. 11, недавно переиздано Omnia Veritas Ltd. Кальвин был родом из Франции, где его фамилия писалась как Cauin, что является вариантом фамилии Cohen. На собрании «Бнай Брит» в Париже, о котором рассказывалось в *«La Gazette Catholique»* за февраль 1936 года, было объявлено, что он был еврейского происхождения.

[31] Там же, с. 11.

[32] Там же, с. 12–13.

Манассия Бен Исраэль ([33]) направлял Кромвелю умоляющие просьбы, прося его разрешить евреям вернуться в Англию в обмен на финансовые услуги, которые он так щедро оказывал ему.[34]

Памфлет 1650 года, изображающий **Оливера Кромвеля** в образе монарха Англии.

Убийство короля Карла I

Вероломство, в которое впал Кромвель, раскрывается в его переписке с синагогой в Мюльхайме, Германия.

> 16 июня 1647 года
>
> От Оливера Кромвеля к Эбенезеру Пратту
>
> «В обмен на финансовую поддержку я разрешу возвращение евреев в Англию: однако это невозможно, пока Карл еще жив. Карл не может быть казнен без суда, а оснований для обвинения в настоящее время не существует. Поэтому я предлагаю убить Карла, но не хочу

[33] Там же, с. 13.
[34] A. M. Andreades, указ. соч., с. 30.

> иметь никакого отношения к поиску убийцы, хотя готов помочь ему в бегстве».

Вот ответ на это письмо:

> 12 июля 1647 года,
>
> Оливеру Кромвелю от Эбенезера Пратта
>
> «Окажет финансовую помощь, как только Карл будет свергнут, а евреи вновь допущены в страну. Убийство слишком опасно. Мы должны позволить Карлу сбежать: его поимка сделает возможным суд и казнь. Наша поддержка будет значительной, но нет нужды обсуждать ее условия до начала суда».[35]

Король Чарльз содержался в плену в Холмби-Хаусе, в Нортгемптоншире. 4 июня 1647 года 500 революционеров захватили его, а затем позволили ему сбежать на остров Уайт, где он впоследствии был арестован. 5 декабря 1648 года Палата общин постановила, что «уступки, на которые пошел король, являются удовлетворительными и могут привести к заключению соглашения».[36]

[35] A. H. M. Ramsay, op. cit., стр. 14-15. Согласно письму, опубликованному в *«Plain English»* 3 сентября 1921 года: «Мудрецы Сиона существуют гораздо дольше, чем принято считать. Мой друг, г-н Л. Д. Ван Валкерт из Амстердама, недавно прислал мне письмо с двумя отрывками, найденными в синагоге в Мюльхайме. Том, в котором они содержались, был утерян во время наполеоновских войн и недавно оказался в руках г-на Ван Валкерта. Они написаны на немецком языке и содержат цитаты из писем, полученных руководством синагоги в Мюльхайме».

[36] Там же, с. 16.

Казнь короля Карла I на гравюре того времени

Затем Кромвель приступил к чистке Палаты общин при содействии полковника Прайда, пока не остался лишь «остаточный» парламент, состоящий из 50 членов, которые затем пассивно проголосовали за суд над королем. Ни один английский юрист не хотел составлять обвинительное заключение против короля. В конце концов, его составил голландский еврей Исаак Дорислаус. Король был вынужден участвовать в сфальсифицированном судебном процессе, который проходил в Высшем суде, две трети членов которого составляли «нивелисты» ([37]) из армии. Карл отказался от защиты, но был признан виновным и казнен 29 января 1649 года. По мере того как кортеж приближался к эшафоту, значительная часть толпы кричала: «God Save the King!» («Боже, храни короля!»). После казни среди народа раздался крик отчаяния.

Вторая волна еврейской иммиграции

С 7 по 18 декабря 1655 года Кромвель, называвший себя «Лорд-протектор», провел конференцию в Уайтхолле, Лондон, с целью получить одобрение на новую крупномасштабную иммиграцию евреев. Несмотря на то, что конференция была заполнена сторонниками Кромвеля, подавляющее большинство делегатов, состоявших в основном из священников, юристов и купцов, пришло к единодушному мнению, что евреям не следует разрешать возвращаться в Англию.[38] В октябре 1656 года первым евреям было тайно разрешено свободно высадиться в Англии, несмотря на протесты, высказанные подкомитетом Государственного совета, который заявил, что эти евреи «представляют серьезную угрозу для государства и христианской религии». »[39] «Все купцы без исключения выступили против повторного допуска евреев. Они заявили, что иммигранты будут пагубны для страны, и что их допуск обогатит иностранцев за счет англичан».[40]

Кромвель умер 3 сентября 1658 года, и его преемником стал его

---

[37] Неформальный союз агитаторов и памфлетистов, которые были предшественниками якобинцев и большевиков.

[38] Х. С. А. Энрикес, «Евреи и английское право IV», *The Jewish Quarterly Review*, т. 14, № 4, июль 1902 г., с. 653–697.

[39] A. H. M. Ramsay, указ. соч., с. 16–17.

[40] А. М. Хайамсон, *«История евреев в Англии»*, Methuen, 1928, цитируется по: А. Н. Филд, *«Все эти вещи»*, Omni Publications, Хоторн, Калифорния, 1936, стр. 215.

сын Ричард, который правил в течение девяти месяцев. Сын Карла I, Карл II (1660–1685), вновь занял трон своего убитого отца. Хотя он был последним английским монархом, чеканившим монету (в виде банкнот), он совершил две роковые политические ошибки. 1августа 1663 года он обнародовал закон с эвфемистическим названием: «Закон о поощрении торговли», который разрешал «экспорт всех монет и слитков из золота и серебра за границу, свободный от каких-либо ограничений и регулирования любого рода». »[41] Во время обсуждения законопроекта граф Англси с прозорливостью заметил, «что для мира в королевстве опасно, когда оно оказывается во власти горстки недовольных и мятежных сверхбогачей, способных создать банк (орган накопления) на основе нашей собственной валюты и наших золотых запасов, за морем, оставляя нас без наличности, когда король не будет (уже) в состоянии помешать им это сделать».[42]

TO THE

Parliament, The Supream Court of

ENGLAND,

And to the Right Honourable the Councell of State, Menaſſeh Ben Iſrael, *prayes God to give Health, and all Happineſſe:*

IT is not one cauſe alone (moſt renowned Fathers) which uſeth to move thoſe, who deſire by their Meditations to benefit Mankind, and to make them come forth in publique, to dedicate their Books to great Men; for ſome, and thoſe the moſt, are incited by Covetouſneſſe, that they may get money by ſo doing, or ſome peece of Plate of gold, or Silver; ſometimes alſo that they may obtaine their Votes, and ſuffrages to get ſome place for themſelves, or their friends. But ſome are moved thereto by meere and pure friendſhip, that ſo they may publickly teſtifie that love and affection, which they bear them, whoſe names they prefixe to their Books; let the one, and the other, pleaſe themſelves, according as they delight in the reaſon of the Dedication, whether it be good or bad; for my part, I beſt like them, who do it upon this ground, that they may not commend themſelves, or theirs, but what is for publick good.

As for me (moſt renowned Fathers) in my dedicating

A 2 this

(3)

Брошюра, изданная Менассе бен Исраэлем для содействия возвращению евреев в Англию.

[41] Д. Астл, указ. соч., с. 44.
[42] А. Дель Мар, *«История денег в Америке с древнейших времен до принятия Конституции»*, Omni Publications, Хоторн, Калифорния, 1966 г. (впервые опубликовано в 1899 г.), стр. 66.

Три года спустя, на основании закона о поощрении чеканки монет, он разрешил частным лицам, т. е. банкирам и ювелирам, чеканить монеты королевства на Королевском монетном дворе (Royal Mint) и тем самым получить значительную привилегию в виде сениоража (разница между номинальной стоимостью монет и их себестоимостью) в качестве дохода исключительно в свою пользу. Кроме того, это позволяло им по своему усмотрению увеличивать или уменьшать объем денежной массы в обращении и тем самым повышать или понижать цены по своему желанию, в ущерб остальному населению.

Правление его брата, Якова II (1685–1688), длилось всего три года. Он стал жертвой памфлетов и беззастенчивой пропаганды, исходившей в основном из Голландии. Военная экспедиция, предпринятая принцем Вильгельмом Оранским, в конечном итоге окончательно свергла его с престола. Хотя армия Якова превосходила по численности, он не решился на атаку после того, как Джон Черчилль, первый герцог Мальборо, внезапно покинул его. Согласно *«Еврейской энциклопедии»*, Черчилль впоследствии получал ежегодную ренту в размере 6 000 фунтов стерлингов от голландского еврея Соломона де Медины в качестве вознаграждения за свою измену.[43] Эта крупная сумма, «цена крови», позволила Черчиллю приступить к строительству дворца Бленхейм, которое было завершено после его смерти в 1722 году.

Военная кампания Вильгельма Оранского, как и кампания другого Вильгельма Завоевателя в 1066 году, финансировалась еврейскими банкирами. В обмен на их поддержку Вильгельм III (1689–1702) передал королевскую прерогативу чеканить монету Англии, свободную от долгов и процентов, консорциуму, известному как «Управляющий и Компания Банка Англии». А. Н. Филд в своей книге *«All these Things»* так резюмирует события того времени:

> «Спустя тридцать три года после того, как Кромвель позволил евреям вернуться в Англию, голландский принц прибыл из Амстердама в окружении роя евреев из этого финансового центра. Изгнав своего зятя [Якова II] из королевства, он милостиво согласился занять трон Англии. Естественным результатом этого события стало появление государственного долга в результате учреждения шесть лет спустя Банка Англии, цель которого заключалась в том,

[43] А. Х. М. Рамзи, указ. соч., с. 18.

чтобы с -процентами ссужать деньги короне. Англия жила по-своему до того, как туда прибыли евреи. С тех пор ростовщик занял свое место, и положение, в котором находится нация сегодня, нельзя описать лучше, чем словами Шекспира, когда он с пророческим предвидением вложил эти слова в уста умирающего Жана де Ганда:

Эта родина стольких дорогих душ, эта дорогая,
дорогая родина, Любимая за свою славу во всем мире,
Теперь отдана в аренду, я умираю, заявляя об этом,
Как феод или жалкая ферма
Эта Англия, устремленная в торжествующее море,
Чьи скалистые берега отражают завистливый натиск
Влажного Нептуна, теперь обречена на позор
К черту чернильные пятна и сгнившие пергаменты!
Эта Англия, привыкшая порабощать других, Позорно погрузилась в собственное рабство!

- Ричард II, Акт II, Сцена I

«История второго поселения евреев в Англии — это лишь длинная череда обязательств, записанных на пергаментах, сковывающих нацию долгами. Каждый этап восхождения евреев в делах нации был отмечен увеличением и умножением долга».[44]

Создание Банка Англии

Необходимость создания частного центрального банка была выдвинута бывшим пиратом Уильямом Патерсоном ([45]), когда он написал в 1693 году памфлет под названием *«Краткое изложение о предполагаемом Банке Англии»* (*A Brief Account of the Intended Bank of England).*[46] Позже он будет хвастаться тем, что этот банк «получает прибыль в виде процентов с денег, которые он создает из ничего»[47] В четверг, 21 июня 1694 года, был открыт список подписки на банк, который был наделен начальным капиталом в 1 200 000 фунтов стерлингов. В

[44] А. Н. Филд, указ. соч., с. 218.

[45] А. М. Андреадес, указ. соч., с. 60. В то время профессия флибустьера не считалась бесчестной.

[46] Там же, с. 66.

[47] W. G. Simpson, *Which Way Western Man?*, Yeoman Press, Куперстаун, Нью-Йорк, 1978, с. 621.

следующий понедельник эта сумма была полностью подписана.

Очевидной целью банка было предоставление королю Вильгельму неограниченных сумм денег под 8% годовых, чтобы позволить ему продолжать войну, и в частности конфликт с Людовиком XIV Французским, страна которого еще не находилась под системой ростовщичества.[48] Таким образом, банк получал проценты, выплачиваемые короной, в размере 100 000 фунтов стерлингов в год, причем дополнительные 4 000 фунтов стерлингов составляли административные расходы. Банк также приобрел право эмитировать 1 200 000 фунтов стерлингов в виде банкнот без какого-либо обеспечения золотом.

Перед регистрацией устав банка был тщательно изучен юристом Левинцем, чтобы он полностью соответствовал его скрытой цели, а именно: бесконечно обдирать английский народ, разрешая создание национальной валюты из ничего и взимая проценты. Вся эта фальшивая валюта должна была быть погашена с начислением сложных процентов. Левинц был евреем из Амстердама, практиковавшим в качестве адвоката.[49]

Создание Банка встретило сильное сопротивление. Оно исходило в основном от ювелиров и ростовщиков, которые поняли, что это положит конец их банковскому ростовщичеству в форме частичных резервов, основанных на выпущенных ими квитанциях на золото. Землевладельцы и провинциальная аристократия опасались повышения процентных ставок, поскольку банк будет контролировать денежную массу страны. Выдвигались обвинения в том, что банк будет благоприятствовать определенным купцам, предоставляя им льготные процентные ставки. Самым большим опасением было то, что «Банк станет слишком могущественным и таким образом станет краеугольным камнем мировой торговли».[50] К сожалению, именно это и произошло, поскольку Банк Англии послужил образцом для всех последующих центральных банков.

---

[48] Ф. Дж. Ирсиглер, *«На седьмой день они создали инфляцию»*, Wynberg, Кейптаун, Южная Африка, 1980, с. 5.
[49] J. E. T. Rogers, *The First Nine Years of The Bank of England*, Clarendon Press, Оксфорд, 1887, с. 4.
[50] А. М. Андреадес, указ. соч., с. 69.

Создание **Банка Англии** было закреплено законом, принятым парламентом и описанным как «Закон о гарантировании их величествам различных тарифов и сборов на тоннаж судов и кораблей…»

В то время Палата общин состояла из 514 членов, из которых 243 были тори, 241 — вигами, а 28 — членами, чья политическая принадлежность была неизвестна.[51] Около двух третей членов были провинциальными дворянами, и известно, что 20 % из них были неграмотными. Закон обсуждался в июле 1694 года, в самый разгар лета, когда сельские представители были заняты уборкой урожая.[52] В тот роковой день, пятницу 27 июля 1694 года, когда был утвержден Устав о создании, присутствовали лишь 42 члена, все из которых были вигами — поскольку тори выступали против — и все они проголосовали за принятие закона. (Это поднимает вопрос о том, что считалось кворумом в то время.)

В названии закона не было никакого упоминания о предлагаемом Банке Англии, который на две трети был описан, или, скорее, завуалирован, непонятными формулировками — то есть для непосвященных.

Вступительная фраза закона начинается так: «Гильберт и Мария, король и королева Англии, Шотландии, Франции и Ирландии,

[51] Информационное бюро Палаты общин, Лондон.

[52] Аналогичный закон был принят в отношении американской Федеральной резервной системы, принадлежащей частным акционерам, 23 декабря 1913 года, когда в зале присутствовало лишь небольшое число депутатов, поскольку большинство из них уехали домой, чтобы отпраздновать Рождество. Х. С. Кенан, *«Федеральный резервный банк»*, The Noontide Press, Лос-Анджелес, 1966, с. 19–20.

по милости Божьей, защитники веры и т. д., которых приветствуют все, кто их представляет». » Третье предложение, содержащее 242 слова, начинается так: «В то время как в и посредством некоего закона, недавно принятого в парламенте, озаглавленного «Закон о предоставлении Их Величествам различных пошлин и сборов в зависимости от ТОННАЖА СУДОВ И ПЛАВСРЕДСТВ, а также на пиво, на бродильные напитки и другие спиртные напитки, с целью установления определенных вознаграждений и льгот в упомянутом законе, эти лица должны добровольно выделить сумму в размере 150 000 фунтов стерлингов для продолжения войны с Францией, среди прочего принято…»[53]

День выплаты дивидендов в Банке Англии,
ксилография, около 1800 г.

Большая часть первых двух третей закона подробно описывает необходимость введения целого ряда сложных новых тарифов, пошлин и налогов на корабли, пиво, бродильные напитки и другие спиртные напитки. Истинный смысл введения всех этих налогов заключался в том, что они были необходимы для выплаты процентов по всем будущим государственным займам. Вскоре после этого были введены и другие налоги: земельный

[53] Д. Астл, указ. соч., с. 55.

налог, налог на бумагу, подушный налог, налог на соль, гербовый сбор и налог на окна, которые заменили налог на очаги или камины. Другими введенными налогами были налог на разносчиков, налог на извозчиков, налог на рождение, брак и смерть и, наконец, налог на холостяков.[54] Однако самым обременительным налогом был налог на доход, установленный в размере 20%. Он применялся не только к предприятиям, но и к фермерам.[55].

Война и долговая кабала навечно

Отныне возникла модель общества, в которой развязывались ненужные войны с целью одновременного увеличения государственного долга и прибыли ростовщиков. Примечательно, что большинство этих войн было объявлено странам, которые ввели беспроцентную банковскую систему, как это было в североамериканских колониях и во Франции Наполеона. Эта схема укрепления с помощью насилия системы ростовщичества банкиров широко применялась в современную эпоху и иллюстрируется поражениями Царской России во время Первой мировой войны, затем Германии, Италии и Японии во время Второй мировой войны, а в последнее время — в Ливии в 2011 году. Все эти страны обладали государственной банковской системой, которая перераспределяла богатство их наций на справедливой основе, обеспечивая населению уровень жизни, значительно превосходящий уровень жизни их современных соперников.

В 1696 году, в течение двух лет после своего основания, Банк Англии выпустил в обращение банкноты на сумму 1 750 000 фунтов стерлингов при золотом резерве всего в 2%, что соответствовало стоимости 36 000 фунтов стерлингов.[56] [1]мая 1707 года был заключен союз между Шотландией и Англией, в значительной степени продиктованный необходимостью захватить контроль над Королевским монетным двором в Эдинбурге, что и произошло в 1709 году.

В 1720 году, после окончания Войны за испанское наследство (1701–1714), государственный долг составлял 30 миллионов

[54] А. М. Андреадес, указ. соч., с. 55.
[55] Дж. Э. Т. Роджерс, указ. соч., с. 106–107.
[56] Ф. Дж. Ирсиглер, указ. соч., с. 5.

фунтов стерлингов, при том что одна только эта война обошлась в 50 миллионов фунтов стерлингов.[57] После Войны за независимость США (1775–1783), которая началась после того, как колонисты были вынуждены заменить свою валюту, созданную без долга, на английские деньги, что привело к безработице 50 % трудоспособного населения, государственный долг составил 176 миллионов фунтов стерлингов.

По словам сэра Джона Гарольда Клэпхэма, написавшего в 1944 году *книгу «Банк Англии: история 1694–1914»*, Соломон де Медина и два да Коста, Фонсека, Энрикес, Мендес, Нуньес, Родригес, Сальвадор и Тейшейра де Маттос, все из которых были сефардскими евреями, приобрели большинство акций банка в 1722 году.

В 1786 году премьер-министр Уильям Питт-младший попытался ликвидировать государственный долг с помощью амортизационного фонда, который приносил 1 миллион фунтов стерлингов процентов в год, которые он полностью направлял на погашение долга.[58] От этой практики вскоре пришлось отказаться из-за огромного роста заимствований, необходимых для финансирования войны с Наполеоном. В 1797 году, чтобы оплатить растущее бремя процентов, была введена система прогрессивного подоходного налога, доход от которого в 1815 году составлял 70 миллионов фунтов стерлингов в год.[59]

Война против Франции длилась с 1792 по 1815 год. Главной целью этого бессмысленного кровопролития было разрушение финансовой системы без долгов и процентов, созданной Наполеоном. (См. Глава III) В этот период Англия также вела войну против Соединенных Штатов с 1812 по 1814 год. Эта война, как и война с Францией, была инициирована Англией по просьбе банкира Майера Амшеля Ротшильда (его настоящее имя Бауэр) после того, как Конгресс США отказался продлить устав Банка Соединенных Штатов, контролируемого Ротшильдом[60], который был центральным банком Америки с 1791 по 1811 год.[61] Натан Ротшильд известен своим высказыванием 1815 года:

[57] A. M. Андреадес, указ. соч., с. 119.

[58] W. D. Bowman, *The Story of the Bank of England,* Herbert Jenkins Ltd, Лондон, 1937, с. 291.

[59] A. M. Andreades, указ. соч., с. 162.

[60] 100% акций банка принадлежали Ротшильдам и их партнерам.

[61] В 1836 году президент Эндрю Джексон закрыл Второй Банк Соединенных Штатов, изъяв из него все правительственные депозиты. Банк был создан в 1816 году на основании 20-летней хартии. Ротшильды и их партнеры владели 80% акций, а американское правительство — остальными.

«Дайте мне контроль над валютой нации, и мне будет все равно, кто принимает законы. Меньшинство, понимающее эту систему, будет либо настолько заинтересовано в ее прибылях, либо настолько зависимо от ее благосклонности, что со стороны членов этого социального класса никогда не возникнет никакого противодействия». » Британский премьер-министр Спенсер Персеваль (1809–1812) пытался положить конец этой совершенно бессмысленной войне, но 11 мая 1812 года он был убит в холле Палаты общин Джоном Беллингхэмом, экстремистом, действовавшим по поручению Ротшильда.[62]

К 1815 году государственный долг взлетел до 885 миллионов фунтов стерлингов. Эта совершенно бесполезная война унесла жизни примерно трех миллионов солдат и одного миллиона гражданских лиц. Уничтожение государственного банка, созданного Наполеоном, обошлось британскому народу в 831 миллион фунтов стерлингов[63], из которых 2,5 миллиарда фунтов стерлингов оставались непогашенными еще в 1914 году. Основная сумма в 504 миллиона фунтов стерлингов с течением времени увеличилась в пять раз благодаря магии сложных процентов.

Уильям Коббет (1763–1835), проницательный парламентарий, представлявший интересы сельского хозяйства, в то время понял, что затевается, и написал следующее:

> «Я приступил к изучению закона парламента, на основании которого был создан Банк Англии. Инвесторы знали, что делали. Их целью было постепенно заложить всю страну… земли… дома… имущество… труд. Их план привел к тому, чего мир еще никогда не знал: нищете среди изобилия».[64]

В 1800 году сэр Уильям Пултни, член парламента, предложил создать национальный банк после того, как выступил с

---

[62] www.tomatobubble.com/fh1.html NWO Forbidden History (1765-1816). Параллельно с назначением на пост премьер-министра 4 октября 1809 года Персеваль также занимал должность канцлера казначейства, на которую он был назначен 28 марта 1807 года. Таким образом, он был прекрасно знаком с тонкостями высоких финансов. В течение его срока полномочий его секретарем казначейства был Джон Чарльз Херрис, личный друг и тайный информатор Натана Ротшильда. См. Н. Фергюсон, *«Дом Ротшильдов, пророки денег 1798–1848»*, т. 1, Penguin Books, Лондон, 1999, стр. 86. (Профессор Фергюсон — инсайдер, участвовавший в конференции Бильдербергского клуба, состоявшейся в Шантилли, штат Вирджиния, США.)

[63] W. D. Боуман, указ. соч., с. 290.

[64] У. Коббетт, *«Политический реестр»*, т. XVIII, № 1, Лондон, 14 июля 1810 г.

«решительными нападками» на Банк.[65] В 1824 году другой член парламента, Дэвид Рикардо, представил подробный план[66] по преобразованию Банка Англии в национальный банк. Обе эти попытки закончились неудачей. Деятельность Банка Англии оставалась секретной, и только в 1833 году, спустя 139 лет, в парламенте был представлен отредактированный отчет о его деятельности в рамках Закона 1833 года.[67]

К началу Первой мировой войны в 1914 году государственный долг составлял 650 миллионов фунтов стерлингов.[68] К 31 марта 1919 года он взлетел до 7,434 миллиардов фунтов стерлингов[69], из которых 3 миллиарда фунтов стерлингов по-прежнему подлежат выплате спустя 95 лет по процентной ставке 3,5% годовых. В 1919 году 40% всех бюджетных расходов шло на выплату процентов. В ходе Второй мировой войны государственный долг вырос почти на 300%, увеличившись с 7,1 млрд фунтов стерлингов в 1939 году до 20,1 млрд фунтов стерлингов в 1945 году. По состоянию на июнь 2014 года он составляет 1,3 трлн фунтов стерлингов.[70] Однако, если к этому добавить все обязательства, включая пенсии государственного и частного секторов, она превышает 5 триллионов фунтов стерлингов.

Национализация

14 февраля 1946 года лейбористское правительство национализировало Банк Англии. Акционеры получили казначейские облигации на сумму 11 015 100 фунтов стерлингов,

---

[65] Там же, с. 207.

[66] W. D. Боуман, указ. соч., 228 и А. М. Андреадес, указ. соч., с. 417–427.

[67] А. М. Андреадес, указ. соч., с. xii и с. 261.

[68] Через несколько дней после того, как Англия объявила войну 4 августа 1914 года, была принята чрезвычайная мера в виде выпуска 300 миллионов фунтов стерлингов банкнот Брэдбери номиналом 10 и 1 фунт, не обремененных долгом и процентами. Вскоре они были заменены военными облигациями. Профессор Фредерик Содди, лауреат Нобелевской премии, объяснил мошеннический способ, с помощью которого были заключены эти займы: «Банк Англии опубликовал циркуляр, предлагая ссужать под 3 процента деньги, необходимые для покупки Военных облигаций, по которым налогоплательщик должен был платить 4 процента процентов. Таким образом, за каждый фунт, который заемщик брал в долг, банк получал 15 пенсов, а фиктивный подписчик — 5 пенсов. Банк не нес никакого риска, поскольку он удерживал новую подписку в качестве гарантии по своему кредиту до тех пор, пока долг не будет погашен. » Ф. Содди, *«Богатство, виртуальное богатство и долг»*, G. Allen & Unwin, Лондон, 1933, с. 255.

[69] А. Н. Филд, указ. соч., с. 164–165

[70] www.nationaldebtclocks.com/unitedkingdom.htm

подлежащие погашению через 20 лет. Эта национализация, которая должна была поставить банк под государственный контроль, никоим образом не изменила банковскую систему, основанную на частичных резервах, и была предпринята исключительно в пропагандистских целях, фигурируя в списке программы лейбористской партии по национализации определенных финансовых и промышленных секторов.

6 апреля 1974 года Банк Англии зарегистрировал Bank of England Nominees Limited, компанию под номером 1307478, дочернюю компанию, полностью принадлежащую банку, частные акционеры которой владели 100 акциями по 1 фунту стерлингов каждая, 50% из которых были проданы. Некоторые подозревают, что эта реорганизация в системе управления банком представляет собой его обратное захватывание частными акционерами. Учитывая тот факт, что некоторые аспекты деятельности Банка Англии защищены Королевской хартией, раздел 27 (9), а также Законом о компаниях 1976 года и Законом о государственной тайне 1989 года, и, следовательно, больше не подлежит никакому публичному контролю и даже простому парламентскому рассмотрению, это предположение вполне может оказаться вполне обоснованным.

ГЛАВА III

Бурбоны, Наполеон и Банк Франции

Раскрытые здесь ужасающие факты заставили меня задаться вопросом: как этот монстр, процент, еще не поглотил весь человеческий род.

– Наполеон Бонапарт,
изучая таблицу процентных ставок.

Когда в 1694 году был основан Банк Англии, одной из его главных целей было обеспечение необходимых средств для продолжения военных действий против Франции. В то время Франция была ведущей мировой державой как по морской мощи, так и по территориальным владениям. Четыре года назад, в сражении у Бичи-Хед, недалеко от Истборна в Англии, французский флот нанес сокрушительное поражение английскому флоту, потопив двенадцать кораблей, в то время как еще двадцать были затоплены своими английскими экипажами.[71]

С 7 июня 1654 года Францией правил ее самый прославленный монарх — Людовик XIV, «Король-Солнце». Людовик был хорошо осведомлен о махинациях банкиров. Когда он обнаружил, что его министр финансов Николя Фуке был представителем того, что сегодня называют денежной властью, и получив неопровержимые доказательства того, «что он предал доверие, возложенное на него, нерациональным управлением государственными средствами и чудовищной коррупцией», он приказал его арестовать. Фуке был судим, осужден и помещен под домашний арест до конца своих дней в недоступной крепости Пиньероль.[72]

Война за испанское наследство (1702–1714) стала крупнейшим

[71] В битве при Трафальгаре 21 октября 1805 года французы потеряли один корабль.
[72] W. G. Simpson, *Wich Way Western Man ?* Yeoman Press, Куперстаун, Нью-Йорк, 1978, 230.

военным конфликтом со времен крестовых походов. Она разразилась после того, как Людовик объявил о своем намерении посадить на испанский трон своего внука, Филиппа, герцога Анжуйского. Если бы эта попытка увенчалась успехом, она привела бы к созданию обширной франко-испанской империи, что стало бы прямой угрозой для Банка Англии и его доверенного лица — правительства Великобритании. Благодаря способности создавать деньги из ничего англичане сумели построить значительный флот и купить лояльность врагов Франции, щедро подкупая их.

Людовик удерживался у власти девять лет, пока его наследники не начали умирать при странных обстоятельствах. 13 апреля 1711 года его сын Людовик, Великий Дофин, умер якобы от оспы, хотя он уже переболел этой болезнью в детстве. 12 февраля 1712 года жена его внука, герцога Бургундского, умерла от приступа лихорадки. Спустя несколько дней ее муж, покрытый сыпью, скончался 18 февраля 1712 года от неизвестных причин. Через несколько недель оба правнука короля заболели скарлатиной. Пятилетний герцог Бретани скончался 18 марта 1712 года. Его трехлетний брат, герцог Анжуйский, чудом выжил после того, как король приказал изолировать его и лечить с помощью противоядия.

Вследствие этих трагедий король был убежден прекратить военные действия и начать переговоры. В Утрехте в марте и апреле 1713 года был подписан договор, что позволило Франции в значительной степени сохранить свои довоенные границы. С этого момента наследники французского престола перестали умирать, хотя это не помешало другому внуку Людовика, герцогу де Берри, который был регентом будущего Людовика XV, погибнуть в результате необычного «несчастного случая» на лошади.[73]

Сломанный горем, «Король-Солнце» скончался от естественных причин[1]сентября 1715 года.

Способность англичан управлять огромными суммами денег не ускользнула от внимания французов, которые понимали, что война была проиграна из-за недостатка финансовых средств. [1]мая 1716 года шотландец Джон Лоу получил разрешение на открытие частного банка — «Банка Генерального». Он был

[73] Н. Стариков, *«Национализация рубля — путь к свободе России»*, Санкт-Петербург, «Питер», 2013, 57–58.

создан по образцу Банка Англии и получил право выпускать банкноты и обменивать их на золото.[74]

Регент Людовика XV, Филипп II, герцог Орлеанский, понял, что банк может предоставить правительству средства для покрытия расходов, и в 1718 году был учрежден первый центральный банк Франции, который получил название Королевского банка.

Принятие модели Банка Англии, основанной на способности создавать деньги *из ничего*, вскоре позволило французской экономике восстановить рост и вновь процветать. Однако этот период процветания был недолгим. В январе 1720 года французское правительство взяло рекордный заем в размере 100 миллионов *фунтов*. В следующем месяце распространился слух, что банк испытывает трудности с обменом своих банкнот на золотые монеты, и последовала «ужасная паника».[75] Источник этого слуха неизвестен, но вероятным подозреваемым считается Банк Англии, который желал уничтожить своего опасного конкурента.[76]

Были предприняты различные попытки спасти Королевский банк. Указ от 11 марта 1720 года запрещал использование монет с[1]мая. Когда эта мера не смогла предотвратить надвигающуюся катастрофу, 22 мая 1720 года был издан указ, снижавший стоимость банкнот на 50%. Третий указ от 10 октября 1720 года гласил, что с[1] ноября банкноты будут изъяты из обращения и подлежат обмену на государственные облигации, обесцененные на 50 % от их номинальной стоимости. В ноябре 1720 года Королевский банк объявил о банкротстве, а его основатель, генеральный контролер финансов Джон Лоу, бежал из страны в следующем месяце. Для Банка Англии исчезновение Королевского банка стало абсолютным триумфом.

[74] Эти события более известны под названием «Дело Миссисипской компании».
[75] Н. Стариков, указ. соч., 59.
[76] См. главу IV, где описывается, как Банк Англии уничтожил ассигнации революционной Франции.

Людовик XIV, «Король-Солнце», всегда с недоверием относился к банкирам. Его неспособность финансировать свои армии и флот привела его к поражению в Войне за испанское наследство (1702–1714)

Наполеон, реформатор денежной системы

Наполеон, который был императором Франции с 1804 по 1815 год, всегда осознавал, что силы денег всегда остаются в тени и действуют только через посредников, которые сами зачастую не знают, каких целей они преследуют. Он понял, что международные финансы скрываются за каждым иностранным врагом, каждым монархом и каждой политической партией, включая якобинцев[77], однажды заявив: «Рука, которая дает,

[77] Якобинцы изначально были членами крайне левого революционного политического движения, отстаивавшего принцип централизованной республики.

стоит выше руки, которая принимает. У финансистов нет родины, они лишены патриотизма и порядочности: их единственная цель — нажига».[78] У него были очень четкие представления о том, как он хотел управлять французской экономикой. Он определял свою систему как средство использования ресурсов правительства, включая его финансы, на благо народа и во славу Бога. Его система была направлена на поддержание духовного превосходства над материальными ценностями, превосходства нации над политическими партиями, патриотизма над космополитической алчностью, лояльности над деспотическим террором.[79]

Наполеон учреждает Банк Франции, 18 ноября 1800 г.

Основой экономики должно было стать сельское хозяйство: «ибо оно — душа народа… основание Королевства»[80]. Затем следовала промышленность, которая «обеспечивает комфорт и счастье населения»[81]. И в самом конце шла внешняя торговля, состоящая исключительно из излишков сельского хозяйства и промышленности. По его мнению: «внешняя торговля должна

В ходе революции они установили «царство террора». Клуб якобинцев находился на улице Сен-Жак в Париже.

[78] Р. Макнейр Уилсон, *«Монархия или власть денег»*, Eyre & Spottiswoode, Лондон, 1934, стр. 92.

[79] В этом он схож с девизом Вишистской Франции: *«Труд, Семья, Родина»*.

[80] Р. Макнейр Уилсон, указ. соч., с. 97.

[81] Там же, с. 97.

служить сельскому хозяйству и национальной промышленности, которые ни в коем случае не должны быть ей подчинены».[82] Конечной целью Наполеона было обеспечить не только финансовую независимость, но и самодостаточность в производстве товаров, потребляемых на национальном уровне.

Наполеон ни при каких обстоятельствах не позволял государству прибегать к заимствованиям для покрытия текущих расходов, будь то гражданских или военных. По поводу долга он заявил:

> «Мне достаточно было подумать о том, к чему могут привести займы, чтобы осознать их опасность. Поэтому я никогда не хотел иметь с ними ничего общего и всегда решительно выступал против их использования. Некоторые заявляли, что я не брал ссуд, потому что не обладал кредитом и не мог найти никого, кто согласился бы одолжить мне деньги. Это свидетельствует о весьма ограниченном знании человеческой натуры и полном незнании финансовых методов, если эти люди воображают, что я не мог найти никого, у кого бы я мог задолжаться. Это просто не входило в мою систему».[83]

Государственный банк Французской империи

Первой инициативой Наполеона, когда он пришел к власти в качестве Первого консула 9 ноября 1799 года, было учреждение Банка Франции 18 января 1800 года в форме акционерного общества, которое начало свою деятельность 20 февраля того же года. Этот банк заменил 15 частных банков, в основном еврейских, которые были глубоко вовлечены в события, приведшие к Французской революции 1789–1799 годов.[84] Эти банки взимали грабительские проценты по кредитам, выданным французской короне, до такой степени, что до 1789 года последняя тратила более 50% своих расходов на их выплату.

Банк был создан с уставным капиталом в 30 миллионов франков, разделенным на 30 000 акций по 1 000 франков каждая, часть которых была подписана Наполеоном, его семьей и членами его

---

[82] Там же, с. 97.
[83] Там же, с. 96.
[84] К. Куигли, *«Трагедия и надежда», «История мира в наше время»*, The Macmillan Company, Нью-Йорк, 1966, с. 515.

окружения.[85] Дивиденды акционеров изначально были ограничены 6% в год, но в 1806 году были увеличены до двух третей прибыли банка, а оставшаяся треть направлялась в резервы. Двести крупнейших акционеров избирали 15 регентов или директоров, входивших в Генеральный совет директоров банка, а также трех цензоров или инспекторов, которые контролировали его управление.

Совет директоров, в свою очередь, избирал Центральный комитет, состоящий из трех членов, один из которых был председателем.[86] Наполеон назначил себя председателем Банка, заявив, что «Банк принадлежит не только акционерам, он принадлежит также государству, поскольку последнее предоставило ему привилегию выпускать деньги. Я хочу, чтобы банк в достаточной мере находился в руках государства, но не слишком».[87]

14 апреля 1803 года законом, принятым парламентом, Наполеон отменил право двух конкурирующих банков — *Caisse d'Escompte de Commerce* и *Comptoir Commercial* — выпускать банкноты. Как он заметил в то время:

> «Разве вы не говорили мне, что для сохранения кредита необходимо, чтобы искусственная валюта, такая как та, что создана Банком Франции, выпускалась из одного источника? Я принимаю эту идею. Один банк легче контролировать, чем несколько — как правительством, так и народом. В чрезвычайной ситуации я не вижу никаких преимуществ в такой конкуренции».[88]

22 апреля 1806 года был обнародован новый закон, заменивший трех членов Центрального комитета на одного управляющего и двух его заместителей.[89] Эти назначения были лично одобрены Наполеоном. Новый закон увеличил капитал Банка до 90 миллионов франков. Наполеон настолько недоверчиво и с подозрением относился к банкирам, что лично контролировал

---

[85] www.banque-france.fr/en/banque-de-france/history/the-milestones/1800-creation-of-the-banque-de-france.html

[86] История банковской деятельности во всех ведущих странах, включая США, Россию, Голландию, скандинавские страны, Канаду, Китай и Японию; составленная 13 авторами. Издано издателем журнала «*The Journal of Commerce and Commercial Bulletin*», Нью-Йорк, 1896 г., т. 3 (Франция, Италия, Испания, Португалия, Канада).

[87] Encyclopedia Britannica, 1964, т. 3, с. 132.

[88] Редактор журнала «*The Journal of Commerce and Commercial Bulletin*», указ. соч.

[89] Там же.

операции казначейства, чтобы секреты его денежно-кредитной политики не стали достоянием общественности и не были использованы спекулятивными. Таким образом, он был своим собственным банкиром, контролирующим как создание, так и распределение денег и кредитов, к большому огорчению международных банкиров, особенно Ротшильдов, которые оказались практически исключенными из операций на рынках континента. Наполеон сделал франк самой стабильной валютой в Европе. После того как Франция отказалась от рынка облигаций в лондонском Сити, туман депрессии опустился на братство банкиров и ростовщиков. Показательно, что английская пресса начала распространять клевету в адрес Наполеона. Его обвинили в несоблюдении условий Амьенского договора, который был подписан между Англией и Францией 25 марта 1802 года. Отношения обострились, когда Наполеон отказался подписать торговое соглашение, призванное усилить «свободу торговли» и открыть путь к тому, что сегодня мы называем глобализацией, что заставило бы его ослабить автоархию и изоляционизм своей континентальной политики.

Англия, под руководством своих международных банкиров, приступила к финансированию[90] Австрии, Пруссии, России, Испании и Швеции и сразу же объявила войну Франции. Силы коалиции[91] превышали 600 000 человек. Наполеон не мог собрать даже трети этого числа и, следовательно, должен был бы прибегнуть к банковским займам, чтобы вооружить и прокормить свои войска. 20 декабря 1803 года он опередил сторонников войны, продав Луизиану Соединенным Штатам за 3 миллиона фунтов стерлингов. За этим последовал короткий период мира и процветания. Однако в 1806 году новая коалиция, состоящая из Англии, России и Пруссии, по инициативе последней, вступила на путь войны. Несмотря на то, что 14 октября 1806 года он одержал над ними победу при Йене, Наполеон был вынужден в течение следующих девяти лет вступать в серию бессмысленных войн, чтобы защитить Францию и ее новую экономическую систему. Он ввел «Континентальную блокаду», целью которой было уничтожить внешнюю торговлю Англии, поскольку он знал, что англичане не смогут одновременно оплачивать свой импорт и

[90] Согласно *«Британской энциклопедии»*, 1964 г., т. 19, стр. 573, Ротшильды «привлекли» 100 миллионов фунтов стерлингов для различных правительств Европы в ходе наполеоновских войн.

[91] Это была первая из шести различных военных коалиций.

финансировать своих союзников.

Тилситский мир – Наполеон и царь Александр I подписывают договор на плоту на реке Неман.

В ходе заключения Тильзитского договора, подписанного 7 июля 1807 года на плоту посреди реки Неман в Восточной Пруссии, Наполеон и царь Александр Iзаключили союз, который сделал их господами континентальной Европы. Александр согласился присоединиться к Континентальной блокаде Наполеона против Англии и обеспечить взаимную поддержку в случае конфликта с другими странами, в частности с Британской империей. В то время Франция и Россия были единственными двумя странами в Европе, которые не находились под гнетом ростовщической системы и, следовательно, не были в долгу у Ротшильдов. Таким образом, это были единственные две свободные и независимые нации. Однако несколько лет спустя Россия начала нарушать блокаду. Это было обусловлено тем, что Россия, будучи преимущественно сырьевой страной, обладала слабым промышленным потенциалом и по-прежнему зависела от Англии в плане импорта промышленных товаров. Александр был готов продолжать блокаду только в том случае, если Франция будет поставлять ему товары, которые ранее импортировались из Англии. Франция не была в состоянии выполнить эти требования, поскольку Англия владела морем, а в то время в Европе не существовало ни автомобильных, ни железнодорожных путей. Таким образом, чтобы сохранить блокаду, Наполеон решил вторгнуться в Россию 24 июня 1812 года с армией в 500 000 солдат. Хотя он достиг Москвы 14 сентября 1812 года, он обнаружил, что город был опустошен, и его отступление следующей зимой обернулось катастрофой: из его контингента выжило лишь 110 000 человек. В следующем году Наполеон потерпел поражение в «Битве народов» к востоку от Лейпцига 19 октября 1813 года. 11 апреля 1814 года он отрекся от престола в Фонтенбло.

После изгнания на остров Эльба, расположенный между Корсикой и Тосканой, Наполеон предпринял попытку вернуться в битве при Ватерлоо, на территории современной Бельгии, 18 июня 1815 года. Все воюющие стороны — Англия, Пруссия и Франция — финансировались Натаном Ротшильдом, у которого Франция взяла ссуду в размере 10 миллионов фунтов стерлингов.[92] После поражения Наполеон был сослан на британский остров Святой Елены в Южной Атлантике, где он в конце концов умер при загадочных обстоятельствах, будучи вполне здоровым человеком в возрасте 51 года, 5 мая 1821 года. Исследование останков Наполеона показало, что он, безусловно, умер от отравления цианидом в результате хронического отравления мышьяком.[93] В таком случае нет никаких сомнений, что это было делом рук убийцы, нанятого Ротшильдом, что подтверждает постоянно повторяющуюся на протяжении последних двух столетий практику убийства всех лидеров, которые предлагают, вводят или поддерживают банковскую

---

[92] См. Н. Фергюсон, *«Дом Ротшильдов: Пророки денег 1798–1848»*, т. 1, Penguin Books, Лондон, 1999, с. 95–99, о том, как финансировалась армия герцога Веллингтона. В 1936 году Эберхард Мюллер написал пьесу под названием *«Ротшильд побеждает при Ватерлоо»*, в которой Ротшильд объясняет: «Мои деньги повсюду, и мои деньги дружелюбны. Это самая дружелюбная сила в мире, толстая, круглая, как мяч, и улыбающаяся»; «Моя родина — Лондонская биржа»; и «Судьба Англии в моих руках», стр. 23.

[93] www.napoleon-series.org/ins/weider/c_assassination_w.html Причины смерти Наполеона были тщательно изучены покойным Беном Вайдером, который 18 февраля 1998 года прочитал лекцию под названием *«Убийство Наполеона»* в Военной академии Сандхерст в Лондоне. Вайдер определил графа Шарля Тристана де Монтолона как вероятного отравителя. Он находился в ежедневном контакте с императором и обладал достаточно распутным характером и криминальным прошлым, чтобы идеально соответствовать профилю убийцы, тайно нанятого Ротшильдом. Мышьяк, вещество без цвета, запаха и вкуса, вероятно, подмешивали в ежедневную порцию вина Наполеона, привезенного из мыса Доброй Надежды. (См. смерть барона Петра Врангеля (1878–1928), главнокомандующего Южной Русской Белой армией, который был отравлен по приказу Сталина братом его дворецкого, проживавшим вместе с семьей Врангелей в Брюсселе, Бельгия).

систему без ростовщичества.[94]

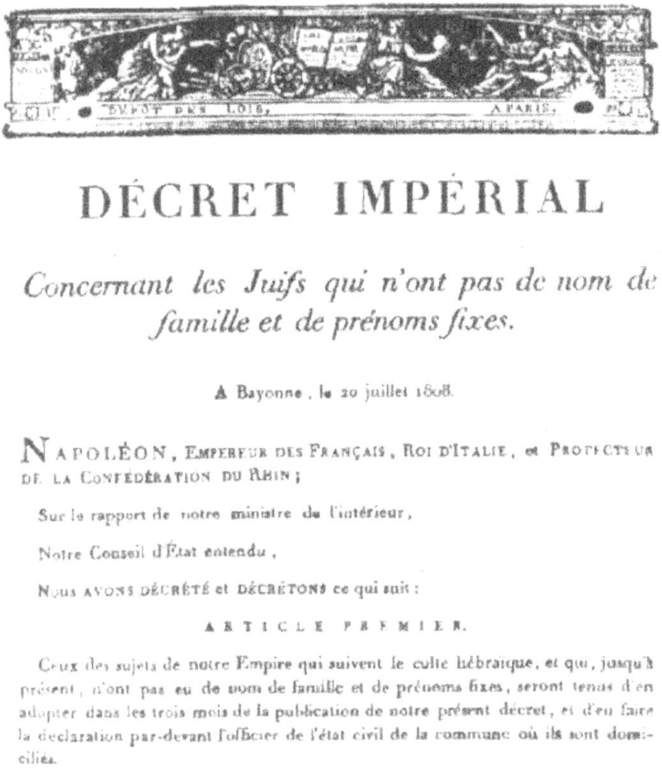

DÉCRET IMPÉRIAL

Concernant les Juifs qui n'ont pas de nom de famille et de prénoms fixes.

A Bayonne, le 20 juillet 1808.

NAPOLÉON, EMPEREUR DES FRANÇAIS, ROI D'ITALIE, et PROTECTEUR DE LA CONFÉDÉRATION DU RHIN;

Sur le rapport de notre ministre de l'intérieur,

Notre Conseil d'État entendu,

NOUS AVONS DÉCRÉTÉ et DÉCRÉTONS ce qui suit:

ARTICLE PREMIER.

Ceux des sujets de notre Empire qui suivent le culte hébraïque, et qui, jusqu'à présent, n'ont pas eu de nom de famille et de prénoms fixes, seront tenus d'en adopter dans les trois mois de la publication de notre présent décret, et d'en faire la déclaration par-devant l'officier de l'état civil de la commune où ils sont domiciliés.

Чтобы облегчить ассимиляцию евреев во французском обществе, Наполеон издал в 1808 году указ, предписывающий всем евреям принять фамилии и использовать эти имена во всех документах. В письме к своему младшему брату Жерому, написанном в 1808 году, Наполеон заявляет: «Я взялся за реформирование евреев, но не намерен привлекать в свое королевство новых… Необходимо уменьшить, если не уничтожить, склонность евреев к занятию множеством видов деятельности, вредных для цивилизации и общественного порядка во всех обществах мира. Необходимо остановить зло, предотвратив его; чтобы опередить его, необходимо изменить евреев… Как только часть их молодежи займет место в нашей армии, они перестанут питать еврейские интересы и чувства; их интересы и заботы будут французскими».

---

[94] Большинство американских президентов, которые были убиты, были вовлечены в денежные реформы. Речь идет о президентах Аврааме Линкольне, Джеймсе Гарфилде, Уильяме Маккинли, Уоррене Г. Хардинге и Джоне Ф. Кеннеди. Президент Ричард М. Никсон проявлял большой интерес к реформе Федеральной резервной системы, когда находился у власти, и это могло стать одним из факторов, повлиявших на его падение.

Достижения Французского государственного банка

Являясь неотъемлемой частью Наполеоновского кодекса (*Гражданского кодекса Франции*), Наполеон 21 марта 1804 года обнародовал новый торговый кодекс. Эти экономические реформы, включавшие существенное снижение налогов, позволили французской экономике быстро восстановить силы и привели к росту торговли и развитию новых отраслей, таких как производство хлопка и сахарной свеклы, — все это поддерживалось и сопровождалось таможенными барьерами против иностранных товаров и кредитами под очень низкие проценты. Инфраструктура была улучшена в широких масштабах не только во Франции, но и по всей Западной Европе: было построено 32 186 км имперских дорог и 19 312 км региональных дорог, почти 1 609 км каналов, мостов, дноуглубление и расширение портов, таких как Шербур и Дюнкерк, подключение к системе питьевого водоснабжения, расцвет общественных зданий, таких как галерея Лувра — все это финансировалось беспроцентными деньгами, выпущенными Банком Франции.

Наполеон также учредил Совет по промышленности, который предоставлял данные и информацию национальной промышленности, затем была создана Императорская университетская администрация, отвечавшая за образование французов, специализированные школы или *лицеи*, предназначенные для изучения инженерии, науки и техники, профессиональные школы занимались подготовкой акушерок, преподаванием акушерства и ветеринарии.

Позже Наполеон описывал эти достижения своему ирландскому врачу Барри О'Мире на острове Святой Елены и заявлял, что они являются памятниками, которые останутся после него. « Коалиционные державы никогда не смогут лишить меня заслуг за те великие общественные работы, которые я предпринял, ни за дороги, которые я проложил через Альпы[95], ни за моря, которые я соединил. Они не могут ступить никуда, не наткнувшись на следы, оставленные моими. Они не могут стереть свод законов, который я сформировал и который

[95] Перевал Симплон. Одной из главных причин, по которой Наполеон велел построить этот перевал, было облегчение транспортировки его артиллерии в Италию.

перейдет к потомкам».[96]

В заключение мы можем рассмотреть некоторые из достижений, которые Наполеон перечислил своему бывшему камергеру и ежедневному спутнику в течение 18 месяцев на острове Святой Елены, графу де Ла Каз:[97]

> «Я вдохновил Францию и Европу новыми идеями, которые никогда не будут забыты… финансы Франции — лучшие в мире. Кому она этим обязана? Если бы я не был свергнут, я бы осуществил полную перемену в сфере торговли и промышленности. Усилия французов были чрезвычайными. Процветание и прогресс были повсюду. Новые идеи появлялись отовсюду, они публиковались и распространялись, потому что я позаботился о том, чтобы привить науку народу… Если бы мне дали время, то вскоре во Франции не осталось бы ни одного ремесленника; все они стали бы художниками».[98]

[96] И. Тарбелл, *«Краткая биография Наполеона»*, S. S. Mcclure Limited, Нью-Йорк, 1895, гл. VI «Наполеон как глава государства и законодатель — финансы — промышленность — общественные работы». http://history-world.org/Napoléon7.htm

[97] Граф Эммануэль Огюстен Дьедонне Жозеф Лас-Каз (1766–1842). Он зафиксировал воспоминания, размышления и стремления Наполеона, которые позже были опубликованы в *«Мемуарах о Святой Елене»*.

[98] Р. Макнейр Уилсон, указ. соч., с. 98–99. Автор посетил дом, в котором Петр Великий прожил короткий период в Заандаме, в Голландии, в 1697 году. Наполеон также посетил этот дом 13 октября 1811 года и с размахом подписал свое имя на одной из внутренних стен: Наполеон Бонапарт Император.

ГЛАВА IV

Столетие борьбы (1815–1918): Ротшильды против народов

Кто держит в руках мировые нити?
Кто правит на королевском или либеральном съезде?
Кто пробуждает испанских патриотов без рубашек?
(Патриоты, о которых так много пишут газеты старой Европы.)
Кто обрушивает на старые и новые миры страдания или радость? Кто делает политику более плавной?
Кто может противостоять смелости Бонапарта? –
Еврей Ротшильд и его коллега, христианин Бэринг.

- Лорд Байрон, *«Дон Жуан»*,
Песнь двенадцатая

Центральные банки в Соединенных Штатах

Как покажет эта глава, все опыты США с центральными банками оказались катастрофическими.

В колониальный период американские колонии выпускали собственную бумажную валюту. Первой колонией, которая это сделала, был Массачусетс в 1691 году. Вскоре к ним присоединились Пенсильвания, штат Нью-Йорк, Делавэр и Мэриленд. Они называли свою валюту «колониальными векселями» (colonial script) или «векселями». Эта система освободила их от контроля английских банков и позволила управлять своими финансовыми делами в условиях отсутствия инфляции и при очень низких налогах. Во всех колониях наблюдался экономический рост, что привело к значительному процветанию, которое было бы невозможно в рамках частной банковской системы, основанной на ростовщичестве.

В 1763 году американский государственный деятель Бенджамин Франклин (1706–1790) посетил Лондон, где был потрясен, увидев убогие кварталы и широко распространенную нищету. Когда британский парламент попросил Франклина объяснить истоки процветания американских колоний, он ответил следующее:

> «Все очень просто. В колониях мы выпускаем свою собственную валюту. Она называется колониальным векселем. Мы выпускаем ее в соответствии с потребностями торговли и промышленности, чтобы облегчить обмен между производителями и потребителями. Таким образом, создавая свою собственную валюту, мы контролируем ее покупательную способность и не обязаны платить проценты кому-либо».

В следующем году, в 1794 году, Банк Англии ввел Закон о валюте (Currency Bill[99]), который строго ограничил право колоний выпускать собственную валюту и фактически запретил ее использование в качестве законного платежного средства для погашения государственных и частных долгов. Вместо этого банк заставил их выпускать процентные казначейские облигации и продавать их Банку Англии в обмен на английскую валюту. Впоследствии была выплачена лишь половина суммы. Этот закон привел к краху экономики колоний, и в течение года более половины населения оказалось без работы и погрузилось в нищету. Закон о гербовом сборе 1765 года (Stamp Act), принятый британским парламентом, стал последней каплей, переполнившей чашу, но отмена колониальной валюты была первопричиной Американской революции.

Одной из первых задач, поставленных перед Вторым Континентальным Конгрессом, который впервые собрался 10 мая 1775 года, было выпустить собственную валюту, в основном для финансирования военных расходов. За весь период существования этой валюты было выпущено в общей сложности 241 552 788 долларов. Банк Англии быстро отреагировал на это. Были наняты сотни рабочих, и вскоре миллионы долларов поддельных банкнот выходили с печатных станков и отправлялись в Нью-Йорк. Континентальный доллар сохранял свою основную покупательную способность в течение первых двух лет выпуска, но как только в обращение начали поступать английские фальшивые банкноты, его стоимость резко упала, и в 1780 году один долл а стоил всего 2,5 цента.

Пятнадцать лет спустя, в 1790 году, Банк Англии организовал аналогичную операцию, наняв 400 рабочих на 17 фабриках в центральной и южной Англии для печатания *ассигнатов*,

---

[99] 4 Geo. IIIc. стр. 34.

которые были валютой революционной Франции. *Ассигнаты*, которые были привязаны к церковным владениям, вначале успешно обращались как эффективное и практичное средство обмена. Значительная часть государственного долга была погашена. Однако в 1792 году массовое вливание поддельных банкнот вскоре привело к обвалу стоимости *ассигнатов*, за чем последовал короткий период гиперинфляции. 14 апреля 1803 года Наполеон Бонапарт ввел в обращение франк, выпущенный правительством, который стал законным платежным средством в 1808 году.

Первый банк Соединенных Штатов, построенный в Филадельфии в 1795 году. Главным акционером банка был **Майер Амшель Ротшильд** (1744–1812)

Еще в 1781 году, до окончания Войны за независимость 11 апреля 1783 года, Роберт Моррис (1734–1806), суперинтендант финансов, обнародовал закон, который обрекал новое государство на рабство, с созданием Банка Северной Америки. Этот банк начал свою деятельность 4 января 1782 года. Он привлек значительные вклады в золоте и серебре в обмен на векселя, полученные за счет займов от Франции и Нидерландов, что впоследствии позволило ему выпускать бумажные деньги на основе своих значительных резервов. В период с 1791 по 1796 год инфляция достигла 72%. В 1795 году штат Пенсильвания вышел из-под его юрисдикции из-за «тревожного иностранного влияния и фиктивного кредита».[100]

25 февраля 1791 года на смену Банку Северной Америки пришёл второй центральный банк, который был представлен как Первый банк Соединённых Штатов. Его создание было продиктовано интригами Александра Гамильтона ([101]), министра финансов, чьи действия свидетельствовали о том, что он работал рука об руку с руководителями Банка Англии, поскольку он создал новый банк по образцу последнего. Новый банк располагал капиталом в 10 миллионов долларов, из которых 20% принадлежали американскому правительству, а остальная часть была распределена между частными инвесторами. Банк встретил сильное сопротивление со стороны будущих президентов Джона Адамса, Джеймса Мэдисона и Томаса Джефферсона (в то время государственного секретаря), который позже заявил:

> «Этот Центральный банк — смертоносное учреждение, противоречащее всем принципам и форме нашей Конституции… Я считаю, что банковские учреждения представляют большую угрозу для наших свобод, чем угрожающие армии. Они уже породили денежную аристократию, бросающую вызов правительству. Право эмиссии должно быть отнято у банков и возвращено народу, которому оно по праву принадлежит. Если американский народ позволит банкам контролировать эмиссию своей валюты, сначала посредством инфляции, а затем дефляции, банки и корпорации, которые будут процветать вокруг них, лишат народ всей собственности, до тех пор, пока их дети не окажутся без крова на континенте, который завоевали их отцы».[102]

В следующем году банк организовал первый крах, известный как «Паника 1792 года». Наводнив рынок легким кредитом, а затем внезапно потребовав погашения большей части долгов, банк вверг всю экономику в общее упадничество. Это вызвало социальную нищету, и фондовый рынок рухнул.

К концу 1795 года банк ссудил правительству 6 миллионов долларов, что составляло 60 % его капитала. Поскольку банк

[100] Т. Х. Годдард, *«История банковских учреждений Европы и Соединенных Штатов»*, Х. К. Слейт, 1831, с. 48–50.

[101] Гамильтон родился 11 января 1755 или 1757 года от матери-француженки-гугенотки Рэйчел Фосетт Левин на острове Невис в Карибском море, у подножия горы Сион. Вероятно, Гамильтон не было его настоящим именем. Автор посетил остров и музей Гамильтона.

[102] Письмо майору Джону Картрайту, 5 июня 1824 г.

якобы был обеспокоен стабильностью государственных финансов, он потребовал частичного погашения своих ссуд. У правительства не было необходимых средств, и поэтому оно было вынуждено продать свою долю в банке в период с 1796 по 1802 год. Благодаря этой уловке банк полностью перешел под частный контроль, причем 75% акций принадлежали иностранцам.

В 1811 году срок полномочий банка должен был быть продлен. Банк скрывал свои прибыли, действовал тайно и был неконституционным. Он был создан в основном для обслуживания финансовых интересов Севера в ущерб сельскохозяйственному развитию Юга, в то время как Демократическо-республиканская партия (джефферсонисты) хотела его упразднить.

Бывший президент Томас Джефферсон был одним из тех, кто «яростно выступал»[103] против продления закона. Что особенно беспокоило законодателей, так это тот факт, что банк теперь на 100% находился в руках иностранных инвесторов. Пресса описывала закон об учреждении этого центрального банка как «крупное мошенничество», «стервятника», «гадюку» и «кобру».[104] Кроме того, они утверждали, что Конгресс обладает конституционным правом регулировать меры и веса и чеканить монеты.[105] Закон был отклонен с минимальным перевесом в 65 голосов против 64, что было настоящим подвигом, поскольку существует высокая вероятность того, что многие голоса «за» были куплены. В конце концов, 3 марта 1811 года банк закрыл свои двери.[106]

Когда главный акционер Первого банка Соединенных Штатов Майер Амшель Ротшильд (настоящее имя Бауэр) узнал о глубоких разногласиях по поводу продления устава банка, он пришел в ярость и заявил: «Либо запрос на продление устава будет принят, либо Соединенные Штаты окажутся втянутыми в самую катастрофическую войну». »[107] Он также заявил: «Я преподам урок этим наглым американцам и верну их в колониальную эпоху». Ротшильд пытался повлиять на британского премьер-министра Спенсера Персеваля, чтобы тот

---

[103] Р. Э. Сёрч, *«Lincoln Money Martyred»*, Omni Publications, Палмдейл, Калифорния, 1989 г. (впервые опубликовано в 1935 г.), стр. 38.
[104] Там же, стр. 38–39.
[105] Конституция США, статья I, раздел 8, пункт 5.
[106] http://eh.net/encyclopedia/the-first-bank-of-the-united-states/
[107] www.armchairgeneral.com/forums/showthread.hp%3Ft%3DA109776

объявил войну Соединенным Штатам с целью вернуть свой частный центральный банк.

В 1807 году Персеваль вошел в кабинет министров в качестве министра финансов. В то время Англия вела войну с Францией, и одной из его основных задач было привлечение средств для финансирования военных действий. Вместо повышения налогов Персеваль взял множество займов, сначала у банка «Бэрингс», а впоследствии — в основном у Ротшильдов. Секретарем Персеваля был Джон Чарльз Херрис, назначенный на эту должность пятью годами ранее. Херрис[108] был близким другом Натана Ротшильда и до самой своей смерти в 1858 году преданно служил делу Ротшильдов, занимая различные посты в британском правительстве: Первого лорда казначейства, генерального комиссара армии, а затем министра финансов.

Тем временем *агенты-провокаторы* Ротшильдов[109] сеяли недовольство в Северной Америке. Чтобы спровоцировать американцев, британцы начали вмешиваться в торговые отношения Америки с Францией, которая сама ввела торговую блокаду против Англии. Поскольку Королевскому флоту не хватало моряков, они прибегли к принудительному набору американских моряков. Они также снабжали оружием индейские племена, в частности вождя шауанов Текумсе, чтобы замедлить и ограничить экспансию пионеров на запад. Американцы, со своей стороны, демонстрировали желание захватить часть Канады.

В то же время Персеваль сталкивался с растущим давлением со стороны Натана Ротшильда, требующего объявить войну Соединенным Штатам. Он отказался. Британская армия уже увязла в безвыходной ситуации в Испании и Португалии (Испанская война за независимость 1808–1814 гг.), сражаясь с войсками Наполеона, поэтому у него не было никакого желания втягивать в конфликт дополнительные войска и ресурсы, причем все это финансировалось за счет новых банковских займов под проценты, только для того, чтобы защитить угасающие банковские интересы Ротшильдов в Америке.

Джон Беллингхэм, убийца Спенсера Персеваля, родился примерно в 1769 году в Сент-Неотсе, графство Хантингдоншир. С 1800 по 1802 год он работал в Архангельске агентом по

[108] Н. Фергюсон, *«Дом Ротшильдов, пророки денег 1798–1848»*, т. 1, Penguin Books, Лондон, 1999, с. 86.

[109] Примечание переводчика: в тексте на французском языке.

импорту и экспорту. В 1804 году он вернулся в Россию, и в ноябре того же года был ложно обвинен в неуплате долга в размере 4 890 рублей, что привело к его заключению в тюрьму на четыре года. После освобождения Беллингхэм поселился на Дюк-стрит в Ливерпуле. Он безуспешно обращался с прошениями к правительству о выплате компенсации.

Этот озлобленный и обиженный человек оказался в компании двух купцов — Томаса Уилсона, американца, и Элиши Пека,[110] американского еврея, — которые оба выступали за отмену указа, запрещавшего нейтральным странам торговать с Францией. Этот указ был издан Персевалем в ответ на Континентальную блокаду Наполеона, которую последний ввел в 1806 году и которая запрещала торговые отношения между Англией и Ирландией. Вопрос о продлении этого указа должен был обсуждаться в парламенте в тот роковой вечер. Таким образом, мы наблюдаем слияние интересов: один человек, находящийся в расстроенных чувствах и полный обид, два алчных купца и кукловод Ротшильд, дергающий за ниточки за кулисами.

11 мая 1812 года в 17:15, когда Персеваль входил в зал Палаты общин, Беллингхэм вышел вперед и выстрелил ему в сердце в упор. Персеваль рухнул на пол, прошептав: «Убийство… О Боже!»[111] Затем он скончался через несколько минут. Через четыре дня Беллингхэм предстал перед судом в Олд-Бейли (Высший уголовный суд). Судебный процесс длился три дня. Заявление о невменяемости было отклонено. Краткость процесса, вероятно, была обусловлена необходимостью предотвратить любые нежелательные разоблачения. Как обычно в случае с подобными политическими убийствами, теория «одинокого убийцы» должна была быть сохранена любой ценой. 18 мая 1812 года Беллингхэм был повешен.

[110] http://guardian.com/books/2012/may/11/why-spencer-perceval-androlinklater-review

[111] М. Гилен, *«Убийство премьер-министра: шокирующая смерть Спенсера Персеваля»*, Sidgwick & Jackson, Лондон, 1972, стр. 185.

Убийство премьер-министра Великобритании **Спенсера Персеваля** убийцей Ротшильда, Джоном Беллингхэмом.

Через несколько недель после убийства Персеваля указ, запрещавший странам торговать с Францией, был отменен.

В Палате представителей США Генри Клей, который был масоном, возглавил группу молодых демократов-республиканцев, известных под названием «Военные ястребы». Голосование по объявлению войны состоялось 1июня 1812 года 79 голосами против 49, при этом 39 федералистов отказались поддержать закон. В Сенате голосование прошло 19 голосами против 13 в его пользу. Поскольку единодушия не было, критики часто называли эту войну «войной мистера Мэдисона».

В Англии преемник Персеваля, лорд Ливерпуль, был горячим сторонником войны. Однако ни одна из воюющих сторон не смогла достичь своих целей, за исключением Натана Ротшильда, который 10 апреля 1816 года осуществил свой замысел по созданию Второго Банка Соединенных Штатов. Когда более чем через два года, 24 августа 1814 года, военные действия прекратились, число жертв превысило 24 000 человек. С финансовой точки зрения война обошлась Соединенным Штатам очень дорого. Она привела к огромному военному долгу в размере 105 миллионов долларов, что следует сопоставить с населением страны, которое тогда составляло всего восемь миллионов человек. В результате государственный долг вырос на 182%, увеличившись с 45 миллионов долларов в 1812 году до 127 миллионов долларов в 1815 году. Мирный договор был подписан в Генте, Бельгия, 24 декабря 1814 года.

Второй Банк Соединенных Штатов располагал увеличенным капиталом в 35 миллионов долларов. Банк немедленно открыл большое количество филиалов для предоставления фиатных денег под сложные проценты. В 1822 году президент Джеймс Монро назначил Николаса Биддла президентом банка.

Биддл ранее установил контакт с Ротшильдами во время правительственной поездки в Париж в 1804 году, когда он был секретарем министерского представителя США во Франции Джона Армстронга. В качестве президента банка он служил верным подчиненным Джеймсу де Ротшильду, который был главным инвестором банка.[112]

«Президент народа» **Эндрю Джексон**, переживший покушение на свою жизнь, наложил вето на закон, который разрешил бы продлить устав Второго Банка Соединенных Штатов, принадлежавшего Ротшильдам.

[112] Патрик Кармак, Билл Стил, *«Хозяева денег: как международные банкиры захватили контроль над Америкой»* (Видео, 1998), текст здесь: http://users.cyberone.com.au/myers/money-masters.html

Искусственно вызванная экономическая рецессия 1819–1821 годов была очень выгодна банкирам, поскольку они смогли приобрести имущество по бросовым ценам; именно это в конечном итоге убедило лидера демократов Эндрю Джексона в том, что единственный способ покончить с этими злоупотреблениями — закрыть центральный банк. Во время кампании по переизбранию в 1832 году он заявил: «Это чудовище должно погибнуть»[113], а его главный лозунг звучал так: «ГОЛОСУЙТЕ ЗА ЭНДРЮ ДЖЕКСОНА — НЕТ БАНКУ». Он заявил: «Если у Конгресса есть право по Конституции выпускать бумажные деньги, он должен использовать его сам, а не делегировать эту жизненно важную прерогативу частным лицам или корпорациям».[114] Он также заявил: «Если бы только американский народ понимал, насколько несправедлива наша банковская и денежная система, революция произошла бы еще до завтрашнего утра».

Несмотря на покушение на его жизнь 30 января 1835 года, совершенное агентом Ротшильда Ричардом Лоуренсом, когда в 1836 году пришло время продлевать 20-летнюю хартию Второго Банка Соединенных Штатов, Джексон обанкротил банк, изъяв из него все правительственные депозиты. Он быстро полностью погасил государственный долг, оставив в казне профицит в 50 миллионов долларов. Центральный банк был заменен независимой казначейской системой, основанной на бумажных деньгах и обеспеченных наличных средствах.

Во время президентства Джона Тайлера (1841–1845) Конгресс при поддержке бывшего спикера Палаты представителей Генри Клея предпринял две попытки продлить устав Банка Соединенных Штатов. Клей, ставший Великим магистром ложи Кентукки ([115]), был еще одним известным агентом, находившимся под влиянием Ротшильдов. Тайлер наложил вето на оба этих законопроекта и впоследствии был завален сотнями писем с угрозами и смертельными угрозами.[116]

---

[113] Р. В. Ремини, *«Эндрю Джексон»*, Twyne Publishers Inc., Нью-Йорк, 1966, стр. 158.

[114] Р. Э. Сёрч, указ. соч., с. 43.

[115] Исследование по масонству см. в: Дж. Робисон: *«Доказательства заговора против всех религий и правительств Европы, осуществляемого на тайных собраниях масонов, иллюминатов и читательских обществ, собранные из достоверных источников»*, Western Islands, Белмонт, Массачусетс, 1967 г. (впервые опубликовано в 1798 г.), стр. 304.

[116] О. П. Читвуд, *«Джон Тайлер — поборник Старого Юга»*, Russell & Russell, 1964 г. (впервые опубликовано в 1939 г.), стр. 249–251.

В течение последующих 77 лет Соединённые Штаты развивались, совершенно не нуждаясь в каком-либо центральном банке. Их средства обмена основывались в основном на банкнотах, выпущенных без долга и без процентов Казначейством, так называемых «гринбэках» ([117]), впервые использованных президентом Авраамом Линкольном в 1862 году для финансирования военных расходов во время Гражданской войны, а также на золотых и серебряных монетах.[118] (До 1873 года золото и серебро можно было бесплатно чеканить в виде монет на всех монетных дворах США.) Отклонив предложения частных банкиров о предоставлении кредитов правительству США под проценты от 24% до 36% годовых,[119] Линкольн, по совету своего друга полковника Дика Тейлора[120], распорядился выпустить 347 миллионов долларов в обращение, причем для американского народа это не повлекло за собой никаких затрат, кроме расходов на печать и распространение. Недоверие Линкольна к Лайонелу Ротшильду и его дяде Джеймсу привело к его убийству в ночь на 15 апреля 1865 года Джоном Уилксом Бутом[121] (настоящее имя Бота) по просьбе местного агента Ротшильда по имени Ротберг.

Гражданская война в США (1861–1865) оставила правительство США с долгом в размере 5 миллиардов долларов. Из-за инфляции эти облигации стоили уже только 2,5 миллиарда долларов. Большое количество этих облигаций было куплено агентом Ротшильда Огюстом Бельмонтом[122] в надежде обналичить их по номинальной стоимости в золоте. В ходе президентских выборов 1868 года кандидат от Демократической партии Джордж Х. Пендлтон обещал выплату исключительно бумажными деньгами. Вскоре его сменил Горацио Сеймур по инициативе Белмонта, который возглавил Национальный комитет Демократической партии в 1860 году. Сеймур пообещал выплату наличными. Однако, когда съезд принял резолюцию в

[117] Правительство Конфедерации выпускало собственную валюту без долга и без процентов, называемую «грейбэками». Однако они имели меньший успех, поскольку правительство Союза выпустило большое количество фальшивых денег.

[118] *Р. Э. Сёрч, указ. соч., с. 67.*

[119] *Appleton Cyclopedia*, 1861, с. 286.

[120] В письме, написанном 16 декабря 1864 года, Линкольн поблагодарил полковника Тейлора за его замечательную идею. См. приложение.

[121] Р. Э. Сёрч, указ. соч., с. 114–131. Бут был известен тем, что говорил на «еврейском языке» и часто посещал богослужения в синагоге.

[122] Родился Шёнберг в Альцее, Германия. См. также Н. Фергюсон, *«Дом Ротшильдов: пророки денег 1798–1848»*, т. 1, Penguin Books, Лондон, 1999, с. 370–375.

пользу бумажных денег, Белмонт был вынужден перейти на другую сторону и впоследствии поддержать кандидата от Республиканской партии, генерала Улисса С. Гранта, а также использовать свои доли в газете *«New York World»* для дискредитации и подрыва шансов Сеймура на избрание. Грант победил на президентских выборах и, вступив в должность в 1869 году, незамедлительно ввел в действие Закон о государственном кредите (Public Credit Act), который организовал погашение номинальной стоимости 5 миллиардов долларов казначейских облигаций золотом. Это позволило Ротшильду и его партнерам получить прибыль в размере 100%.

Серебряный стандарт был отменен и заменен золотым стандартом посредством закона «О чеканке монет» 1873 года. 17 января 1873 года этот закон был принят Сенатом. Согласно показаниям под присягой г-на Фредерика А. Лукенбаха от 9 мая 1892 года, он узнал от г-на Эрнеста Сейда в Лондоне, что демонетизация американского серебра была прямо предписана управляющими Банка Англии, которые, кроме того, выделили 100 000 фунтов стерлингов (500 000 долларов) на подкуп достаточного числа членов американского Конгресса, занимавшихся финансовыми вопросами.[123] Этот гнусный акт известен под названием «Преступление 1873 года».

Принудительный отказ от народной серебряной валюты был также организован в Германской империи, когда правительство в 1871 году необъяснимым образом прекратило чеканку серебряных *талеров*. Нет никаких сомнений в том, что это был синхронизированный план, скоординированный Ротшильдами, с целью дальнейшего укрепления золотого стандарта.[124]

---

[123] Там же, с. 66–68. Это событие позже было описано в романе У. Х. Харви, Coin Publishing Company, 1894. «Суть заговора заключается в том, что лондонские банкиры, которые были евреями, решили разрушить Соединенные Штаты с помощью манипуляций с валютой». В *книге «A Tale of Two* Nations» эта история представлена в форме мелодрамы, в центре которой находится Б. Рот, имя, значение которого не было утрачено поколением, слышавшим многое о злодеяниях Ротшильдов. Для личной выгоды Рот решает, что, чтобы не дать Америке стать финансово сильной, он должен спровоцировать демонетизацию металлических денег. » Р. Голлам, *«The Commonwealth Bank of Australia: Origins and Early History»*, Australian National University Press, Канберра, 1968, с. 45–46.

[124] См.: *«Официальные протоколы Национального съезда Демократической партии,* состоявшегося в Чикаго, штат Иллинойс, 7, 8, 9, 10 и 11 июля 1896 г.» (Логанспорт, штат Индиана, 1896 г.), с. 226–234, где бывший член Конгресса Уильям Дженнингс Брайан произнес свою знаменитую речь о *«золотом кресте»*: «… Мы ответим на их требование ввести золотой стандарт, сказав: вы не можете

Золотой стандарт нанес огромный ущерб американской экономике и позволил частным банкирам отказывать в кредитах и ограничивать денежную массу по своему усмотрению. В результате последовала серия паник и аномальных банковских ажиотажей в 1873, 1884, 1890–91, 1893–94, 1897, а затем в 1903 и 1907 годах.[125] Эти искусственно вызванные банковские паники привели президента Джеймса Абрама Гарфилда в такое ярость, что вскоре после вступления в должность 4 марта 1881 года он выступил с заявлением в середине июня того же года, объяснив, что намерен решить эту проблему:

> «Тот, кто контролирует денежную массу страны, является абсолютным хозяином всей промышленности и торговли... И когда вы осознаете, что вся система очень легко контролируется, так или иначе, меньшинством влиятельных людей на вершине, нет нужды объяснять вам, откуда берутся периоды инфляции и депрессии».[126]

Президент **Джеймс Абрам Гарфилд** (справа) застрелен «одиноким убийцей» Чарльзом Дж. Гито на Центральном вокзале Вашингтона 2 июля 1881 года. В центре — государственный секретарь Джеймс Блейн.

Две недели спустя Гарфилд был застрелен «одиноким убийцей»

наложить этот терновый венец на лоб трудящихся. Вы не должны распинать человечество на золотом кресте».

[125] C. A. Lindbergh, *The Economic Pinch (Lindbergh on the Federal Reserve)*, The Noontide Press, Коста-Меса, Калифорния, 1989, (первое издание в 1923 г.), с. 93–94.

[126] Э. Х. Браун, *«Паутина долгов: шокирующая правда о нашей денежной системе и о том, как мы можем освободиться»*, Third Millenium Press, Батон-Руж, Луизиана, 2008, стр. 96.

Чарльзом Дж. Гито, который позже оправдал свой поступок недовольством по поводу невыдвижения на дипломатическую должность. Гарфилд не умер сразу, но в результате ненадлежащего медицинского ухода, который ему оказали, по всей вероятности, умышленно; он мучился до самой смерти 19 сентября 1881 года. Во время судебного процесса стала ясна скрытая роль Ротшильда, когда Гито воскликнул, что «влиятельные люди в Европе поручили ему эту задачу и пообещали защитить его, если он когда-нибудь попадется».[127]

Паника 1907 года имела самые ужасающие последствия. Еще в начале 1907 года Джейкоб Шифф, генеральный директор компании «Kuhn, Loeb & Co.», предупреждал: «Если у нас не появится Центральный банк, осуществляющий надлежащий контроль над кредитованием, эта страна переживет самую тяжелую денежную панику, которую когда-либо видела история». »[128] В октябре того же года Дж. П. Морган, еще один подставной человек Ротшильдов, спровоцировал панику, распространив слух о том, что его конкурент, Knickerbocker Bank and Trust Co., является неплатежеспособным. Во время последовавшего за этим краха акции потеряли 50% своей стоимости на Нью-Йоркской фондовой бирже. Последствиями этой преднамеренной паники стали падение промышленного производства на 11% в следующем году, рост импорта на 26% и взрывной рост уровня безработицы с 3% до 8%. Именно эти непрерывные фазы подъема и рецессии, инфляции и дефляции послужили мотивацией и предлогом для создания центрального банка, который якобы должен был решить все эти проблемы раз и навсегда.

Создание Федеральной резервной системы США

Чтобы обмануть общественность, были представлены две «альтернативы». Одну из них отстаивала Национальная валютная комиссия под руководством сенатора Нельсона Олдрича (деда Нельсона Олдрича Рокфеллера), известная как План Олдрича. Другое решение, принятое Специальным валютным комитетом Торговой палаты Нью-Йорка, находилось под руководством Пола Варбурга, еврейско-немецкого банкира,

---

[127] http://en.wikipedia.org/wiki/James_A._Garfield
[128] Речь, произнесенная в Торговой палате Нью-Йорка.

действовавшего в интересах Ротшильдов в лице барона Альфреда Ротшильда. Оно было известно как План Уолл-стрит. За исключением вопроса о распределении резервов, оба плана были во всех отношениях идентичны и преследовали единственную цель — создание центрального резервного банка.

22 ноября 1910 года заговорщики-банкиры, в числе которых были, в частности: А. Пьятт, заместитель министра финансов, Фрэнк Вандерлип, президент National City Bank of New York, Генри П. Дэвидсон, старший партнер JP Morgan and Co., Чарльз Д. Нортон, президент First National Bank of New York, Бенджамин Стронг, вице-президент Bankers Trust of New York, и Пол Мориц Варбург, партнер Kuhn, Loeb & Co., тайно покинули Нью-Йорк в вагоне-салоне «Пуллман» компании Aldrich (со спущенными шторами), отправляясь из Хобокен, железнодорожной станции в Нью-Джерси, в направлении острова Джекилл в Джорджии.[129] Судьба американского народа должна была решиться в течение следующих десяти дней в очень закрытом Охотничьем клубе на острове Джекилл, принадлежащем Дж. П. Моргану, этой группой финансистов с преступными намерениями, называвшей себя «Клубом имен». Действительно, использовались только имена, чтобы не раскрывать свою личность служащим.[130]

[129] Х. С. Кенан, *«Федеральный резервный банк»*, The Noontide Press, Лос-Анджелес, 1968, с. 92–99.
[130] Там же, с. 104.

В Палате представителей американец шведского происхождения **Чарльз Огюст Линдберг** подверг критике закон о банковской и денежной системе, назвав его «величайшим законодательным преступлением всех времен».

Закон об учреждении Федеральной резервной системы США подвергся яростной критике со стороны члена Конгресса Чарльза Огюста Линдберга, который заявил:

> «Этот закон создает самую гигантскую монополию на земле, одну из тех, которые антитрестовский закон Шермана распустил бы, если бы Конгресс не создал ее специально этим законом, что запрещалось данным законодательством. Когда президент подпишет этот закон, невидимое правительство денежной власти, существование которого было доказано расследованием Пухо, будет узаконено. Самое большое преступление Конгресса заключается в его денежной системе. Этот новый банковский и денежный закон является самым

большим законодательным преступлением всех времен».[131]

Закон также вызвал острую критику в Сенате со стороны сенатора Роберта М. Ла Фоллетта, одного из его «самых ярых противников».[132] Тем не менее закон был принят 23 декабря 1913 года после того, как члены Сената подверглись угрозам со стороны весьма сомнительного президента Вудро Вильсона, «столь же лишенного этики и принципов, как и морали»,[133], который пригрозил продлить сессию до тех пор, пока закон не будет принят, отказав им в рождественских каникулах. За закон проголосовало лишь меньшинство из 43 сенаторов, 25 проголосовали против, 27 воздержались, а 5 членов отсутствовали. Сторонники этого закона обещали, что доллар США станет стабильной валютой и что циклы рецессии уйдут в прошлое.

Кстати, с момента создания Федеральной резервной системы США в 1914 году доллар США потерял 97% своей покупательной способности, а страна пережила 19 рецессий, Великую депрессию 1930-х годов и нынешний большой кризис, начавшийся в 2008 году, который, несмотря на пропаганду, распространяемую официальными СМИ, имеет все признаки депрессии. С 1910 года государственный долг вырос с 2,65 млрд долларов до 17,5 трлн долларов в 2014 году, в то время как не обеспеченные обязательства превышают 240 трлн долларов.[134]

Вместо того чтобы действовать как «банкир банкиров народа», Федеральная резервная система США вела свою деятельность как частный банк исключительно в интересах частных банкиров. Неудивительно, что за 100 лет своего существования ее счета ни разу не подвергались публичной аудиторской проверке.[135]

---

[131] *The Senate*, т. 51, ноябрь 1912 г.

[132] Э. М. Джозефсон, *«Заговор Федеральной резервной системы и Рокфеллеры»*, Chedney Press, Нью-Йорк, 1968, стр. 52.

[133] Там же, с. 43. Президент Уилсон стал жертвой еврейского шантажа. См. М. К. Пайпер, *«Становление Вудро Уилсона — американского героя?»* *The Barnes Review*, Вашингтон, т. VI, № 2, март/апрель 2000 г., с. 6–12.

[134] http://www.thecommonsenseshow.com/2014/08/05/the-statistics-do-not-liewelfare-is-the-best-paying-entry-level-job-in-35-states/

[135] 25 июля 2012 года член Конгресса Рон Пол (республиканец из Техаса) внес предложение о проведении публичного аудита, которое было одобрено 327 голосами против 98. Как он заметил в тот момент: «Я считаю, что тот факт, что они [Федеральная резервная система] могут управлять триллионами долларов и знают, что никто не имеет права задавать им ни одного вопроса, представляет собой

В следующем списке приведены основные акционеры банка:[136]

Банки Ротшильдов в Лондоне и Париже
Банк братьев Лазар в Париже
Банк «Исраэль Моисе Сиефф» из Италии
Банки Варбурга в Гамбурге и Амстердаме
Банк «Ширсон Американ Экспресс»
Банк Goldman Sachs в Нью-Йорке
Банк JP Morgan Chase[137]

Сенатор **Роберт Марион** «Боевой Боб» **Ла Фоллет**, который сделал всё, что было в его силах, чтобы предотвратить принятие Закона о банковской и денежной системе и запланированное порабощение американского народа.

моральный риск. Это предложение направлено на устранение этого риска». *USA Today*, в разделе «Политика».

[136] В настоящее время дом Ротшильдов является мажоритарным акционером, владея 58% акций. См. Э. Маллинс, *«Секреты Федеральной резервной системы»*, «Возвращение к истокам».

[137] 20 июня 1992 года JP Morgan приобрел Manufacturers Hanover Trust и его акции Федеральной резервной системы.

Государственный банк Российской империи

Государственный банк Российской империи по адресу: ул. Нелинная, 12, Москва. В этом же здании сегодня находится Центральный банк Российской Федерации.

Тем временем, по другую сторону Атлантики, была принята иная финансовая система, а именно Государственный банк. С сентября 1814 года по июнь 1815 года проходил Венский конгресс, призванный урегулировать вопросы, возникшие в результате Французских революционных войн, Наполеоновских войн и распада Священной Римско-Германской империи. За кулисами Натан Майер Ротшильд предложил сформировать новый мировой порядок, сосредоточенный вокруг его центральных банков. Все крупнейшие державы, за исключением России, были в долгах у банков Ротшильдов. Царь Александр I (1801–1825) отказался подчиниться дьявольскому плану Ротшильдов и сорвал его. Вместо этого он создал Священный союз между Австрией, Пруссией и Россией, который был подписан 26 сентября 1815 года императором Франциском IАвстрийским, королем Фридрихом-Вильгельмом III Прусским и царем Александром. Он также отклонил предложение Ротшильда об учреждении центрального банка в России. История не говорит, не доверял ли он этому банковскому магнату, или просто осознавал опасности системы центрального банка, но он мудро отклонил эту просьбу. Однако такое осторожное поведение вызвало мстительный и неумолимый гнев Ротшильдов, которые, по словам генерал-майора графа Черепа-

Спиридовича[138], спровоцировали убийство пяти последних царей и 102 года спустя осуществили свою талмудическую месть весьма эффектным образом.

12 июня 1860 года был основан Государственный банк Российской империи[139] с целью стимулирования торговых доходов и укрепления денежной системы. До 1894 года он был лишь вспомогательным учреждением, находившимся под прямым контролем Министерства финансов. В том же году он был преобразован в «банкира банков» и стал инструментом экономической политики правительства. Он чеканил и печатал монеты и банкноты страны, регулировал денежную массу и через сеть коммерческих банков предоставлял промышленности и торговле кредиты под низкие проценты. Ее огромные золотые запасы, крупнейшие в мире, превышали стоимость выпущенных банкнот более чем на 100%, за исключением 1906 года. К 1914 году она стала одним из самых влиятельных кредитных учреждений Европы.[140] Как и следовало ожидать, Россия имела самый низкий государственный долг в мире. В следующей таблице приведены данные о сумме долга на душу населения в рублях для каждой страны.

Франция	Великобритания	Германия	Россия
288,0	169,8	135,6	58,7

В 1914 году 83% процентов и амортизации государственного долга, из которых менее 2% принадлежали иностранным держателям, финансировались за счет прибыли российских государственных железных дорог. В 1910–1916 годах общая протяженность магистральных линий составляла 100 817 верст или километров. В 1916 годах российский торговый флот насчитывал 11 130 000 тонн, превосходя британский торговый

[138] Генерал-майор граф А. Череп-Спиридович, *«Тайное мировое правительство, или «Скрытая рука»*, Антибольшевистское издательское общество, Нью-Йорк, 1926 г., стр. 41. Ни один из этих царей не дожил до зрелого возраста. Их средняя продолжительность жизни составляла 53 года. См. также С. Гудсон, «Убийство царей: связь с Ротшильдами», *The Barnes Review*, Вашингтон, округ Колумбия, т. XX, № 5, сентябрь/октябрь 2014 г., с. 38–40.

[139] А. Дель Мар, *«Деньги и цивилизация: или История денежных законов и систем различных государств со времен темных веков и их влияние на* цивилизацию», Omnia Publications, Хоторн, Калифорния, 1975 (впервые опубликовано в 1886 г.), с. 313.

[140] Государственный банк Российской империи, Центральный банк Российской Федерации, ул. Неглинная, д. 12, Москва 107016.

флот, который составлял 10 750 000 тонн.

В 1861 году царь Александр II (1855–1881)[141] отменил крепостное право, которое в то время касалось 30 % населения. В 1914 году в руках русских землевладельцев, которые в основном происходили из дворянства, оставалось очень мало земли. 80 % пахотных земель находилось в руках крестьян, которым они были переданы за весьма скромную сумму. Эти земли принадлежали деревенской общине — *миру*. Однако после закона, принятого Столыпиным[142] в 1906 году, крестьяне могли получить правоустанавливающие документы с соответствующими наследственными правами. В 1913 году два миллиона семей воспользовались этой возможностью, чтобы приобрести то, что стало известно под названием «Столыпинские хозяйства». Земельный комитет выделил этим крестьянам-собственникам около 7 689 027 гектаров земли.[143] Государственный крестьянский банк, который в свое время описывали как «самое социально полезное учреждение по приобретению земли в мире»,[144] предоставлял ссуды под сниженные процентные ставки, которые фактически представляли собой лишь административные расходы. В период с 1901 по 1912 год объем этих ссуд вырос с 222 миллионов рублей до 1,168 миллиарда рублей. Сельскохозяйственное производство резко возросло, настолько, что к 1913 году Россия стала житницей мира, как показывает следующая таблица.

	Мировое производство	Производство в России	%
Ячмень	1 771,4	750,04	42,3
Овес	3 324,6	1 087,00	30,3
Ржа	2 378,0	1 593,00	67,0
Пшеница	4 971,4	1 554,80	31,2

Производство зерна в России превышало совокупный урожай Аргентины, Канады и США на 25%. В 1913 году в России насчитывалось 37,5 миллиона лошадей — более половины мировой популяции лошадиных. Страна также производила 80%

[141] 13 марта 1881 года царь Александр II был убит в Санкт-Петербурге членами еврейской террористической организации *«Народная воля»*.

[142] Петр Аркадьевич Столыпин (1862–1911) был премьер-министром России с 1906 по 1911 год. 18 сентября 1911 года он был убит еврейским террористом Дмитрием Богровым (настоящее имя: Мордехай Гершкович).

[143] Г. Бьюкенен, *«Моя миссия в России и другие дипломатические воспоминания»*, Cassell and Company Limited, Лондон, 1923, стр. 161.

[144] Г. Кнупфер, *«Борьба за мировую власть, революция и контрреволюция»*, The Plain-Speaker Publishing Company, Лондон, 1971, стр. 230.

мирового урожая льна и обеспечивала более 50% мирового импорта яиц. Горнодобывающая промышленность и промышленное производство также приносили огромную прибыль. В период с 1885 по 1913 год добыча угля увеличилась с 259,6 млн пудов[145] до 2 159 млн пудов, производство чугуна выросло с 25 млн фунтов в 1890 году до 1 378 млн фунтов в 1913 году, а добыча нефти увеличилась с 491,2 млн фунтов в 1906 году до 602,1 млн фунтов в 1916 году. С 1870 по 1914 год в Великобритании годовой объем промышленного производства увеличивался на 1%, в то время как в США — на 2,75%, а в России — на 3,5%. В период с 1890 по 1913 год промышленная деятельность увеличилась в четыре раза, и российское производство смогло удовлетворить 80% внутреннего спроса на промышленные товары — яркий пример экономической самодостаточности. На протяжении последних 20 лет мирного имперского правления (1895–1914) валовой внутренний продукт рос в среднем на 10% в год.

Поскольку Государственный банк России создавал народную валюту из ничего при почти нулевой процентной ставке — в отличие от остального мира, где паразитирующие частные центральные банки создают валюту своих стран, взимая разорительные ростовщические проценты, — неудивительно, что Россия 1912 года была страной с самой низкой налоговой ставкой в мире. Эти очень низкие налоги также свидетельствуют об эффективности российского правительства того времени. Кроме того, на протяжении всего периода существования государственной банковской системы не было ни инфляции, ни безработицы.

Прямые налоги в рублях на душу населения

	Государственные налоги %	Местные налоги %	Итого %
Великобритания	10,01	16,74	26,75
Германия	5,45	7,52	12,97
Франция	6,44	5,91	12,35
Австрия	5,12	5,07	10,19
Россия	1,28	1,38	2,66

[145] 1 пуд = 16,38 кг

Косвенные налоги в рублях на душу населения

	Государственные налоги %	Местные налоги %	Итого %
Великобритания	13,86	-	13,86
Германия	9,31	0,33	9,64
Франция	13,11	2,89	16,00
Австрия	9,9	1,38	11,28
Россия	5,95	0,03	5,98

В период с 1897 по 1913 год доходы государства выросли с 1 400 млн золотых рублей ([146]) до 3 471 млн золотых рублей. В 1914 году бюджетный профицит составил 512 млн золотых рублей, причем без какого-либо повышения налогов. На протяжении всего этого периода внешнеторговый баланс оставался положительным. Оценить финансовое здоровье российской экономики можно, взглянув на приведенную ниже сравнительную таблицу золотых резервов.

Золотые запасы

	Золото	Банкноты
Государственный банк Российской империи	1 550	1 494
Банк Франции (центральный банк)	1 193	2 196
Рейхсбанк (центральный банк)	411	930
Банк Англии (центральный банк)	331	263

Независимое исследование британских юристов пришло к выводу, что Свод законов и судебная система России были «самыми передовыми и беспристрастными в мире».[147]

[146] 1 рубль = два золотых шиллинга; 9,4 рубля = 1 фунт стерлингов.
[147] Г. Кнупфер, указ. соч., с. 139–140.

Его Императорское Величество, царь **Николай II**. Его Государственный банк Российской империи обеспечил своему народу изобилие, беспрецедентное в истории человечества.

Начальное образование было обязательным и бесплатным вплоть до университетского уровня, где взималась только плата за обучение. В период с 1906 по 1914 год ежегодно открывалось 10 000 школ. Российские университеты славились во всем мире своими высокими академическими стандартами.

Россияне были пионерами в области трудового права. Детский труд был отменен более чем на 100 лет раньше, чем в Великобритании в 1867 году. Россия стала первой промышленно развитой страной, принявшей законы, ограничивающие продолжительность рабочего дня на фабриках и в шахтах. Забастовки, которые были запрещены в Советском Союзе, были разрешены, но редко проводились во времена царя. Права профсоюзов были признаны в 1906 году, а инспекция труда строго контролировала условия труда на фабриках. В 1912 году было введено социальное обеспечение. Трудовое законодательство было настолько прогрессивным и гуманным, что президент США Уильям Тафт заявил: «Император России принял трудовое законодательство, более близкое к совершенству, чем в любой демократической стране».[148]

Народы разных рас, проживавшие в пределах Российской империи, пользовались равным статусом и равными возможностями, не имеющими аналогов в современном мире. Его Императорское Величество царь Николай II (1894–1917) и его государственный банк создали рай для трудящихся, не имеющий аналогов в истории человечества.

7 ноября 1917 года Ротшильды, опасаясь, что воспроизведение этой необыкновенной модели свободы и процветания поставит под угрозу их злобную банковскую империю, спровоцировали и профинансировали в России иудео-большевистскую революцию,[149] которая опустошила и разорила чудесную страну и привела к гибели от убийств и голода, по словам Александра Солженицына, — 66 миллионов невинных людей.[150]

---

[148] Там же, с. 142.

[149] Уинстон Черчилль, *«Сионизм против большевизма: борьба за душу еврейского народа»*, *Sunday Illustrated Herald*, 8 февраля 1920 г. Черчилль определял революцию как: «всемирный заговор с целью свержения цивилизации и переустройства общества на основе остановки развития, злобной зависти и невозможного равенства, [...] который не переставал расти... Она была стержнем всех подрывных движений в течение девятнадцатого века; и теперь эта банда необычайных личностей из низов больших городов Европы и Америки схватила русский народ за волосы и стала практически бесспорными хозяевами этой огромной империи».

[150] По словам швейцарского историка Юргена Графа, Соленицин использовал данные статистика, который оценил число погибших в 66 миллионов. В *журнале «The American Hebrew Magazine»* от 10 сентября 1920 года было заявлено: «Большевистская революция в России была делом еврейского планирования и еврейского недовольства. Наш план — установить Новый мировой порядок. То, что так чудесно сработало в России, станет реальностью для всего мира».

Как Ротшильды создали Советский Союз и взяли его под свой контроль

В своей книге *«Уолл-стрит и большевистская революция»*[151] автор и профессор Энтони Саттон, опираясь на документы Государственного департамента и архивы американских международных банкиров, подробно описывает «восторженный союз между Уолл-стритом и марксистским социализмом »[152] Без жизненно важной финансовой поддержки J.P. Morgan Guaranty Trust Company, Chase National Bank Джона Д. Рокфеллера, Kuhn Loeb and Company Джейкоба Шиффа и шведского Nya Banken[153] Олофа Ашберга еврейско-большевистская революция не смогла бы состояться.

Роль Максима Литвинова (1876–1951) особенно интересна в контексте финансирования революции. Родившийся под именем Мейер-Генох Мойшевич Валлах-Финкельштейн, он был «революционером», который участвовал в разрушении императорской России, чтобы передать ее в руки международных банкиров.

Литвинов начал свою революционную карьеру в 1898 году. В 1901 году он был арестован и провёл 18 месяцев в тюрьме, прежде чем сбежал. В 1903 году ему были переданы средства, предназначенные для финансирования и распространения газеты Русской социал-демократической партии *«Искра»*[154], которая печаталась в Лондоне. В 1905 году Литвинов получил дополнительные средства от «зарубежных друзей»[155], что позволило ему приобрести оружие — опять же из Лондона. Впоследствии Литвинов, также известный под прозвищем *Папаша* или Папи[156], стал центром сбора всех иностранных средств и был назначен казначеем партии — решение, которому Ленин не мог противостоять, поскольку Литвинов был представителем Ротшильдов, чья власть превосходила власть Ленина. Последнему просто сообщили об этом решении. Через

---

[151] A. C. Sutton, *Wall Street and the Bolshevik Revolution*, Arlington House Publishers, New Rochelle, New York, 1981.
[152] Там же, 16.
[153] В 1918 году банк был переименован в Svensk Ekonomiebolaget.
[154] Русское слово, означающее «искра».
[155] Н. Стариков, *«Национализация рубля — путь к свободе России»*, Санкт-Петербург, «Питер», 2013, 189.
[156] Там же, 190.

несколько месяцев, на собрании в Женеве, Литвинов был избран секретарем по иностранным делам. Ленин снова был проинформирован об этом решении. Литвинов никогда не был настоящим революционером, а скорее использовал большевизм как предлог для продвижения целей своих хозяев.

С 1908 по 1918 год Литвинов проживал в Лондоне благодаря помощи своих «английских друзей».[157] В течение этого периода он занимал различные должности. Работал в издательстве Williams and Norgate, затем в туристическом агентстве и магазине сельскохозяйственной техники. Эти занятия обеспечивали ему идеальное прикрытие для его подпольной деятельности. В 1914 году, с началом Первой мировой войны, российское правительство потребовало от всех своих граждан вернуться в Россию для призыва в армию. Однако британские власти разрешили Литвинову остаться. В 1916 году Литвинов женился на дочери одной из самых уважаемых еврейских семей — Айви Лоу.

3 января 1918 года Литвинов был назначен поверенным представителем Советской России. Одной из его самых первых задач было потребовать, чтобы деньги, хранящиеся в Банке Англии и принадлежащие царскому посольству, были переданы ему. Банк выполнил это требование.

В сентябре 1918 года был раскрыт заговор против большевиков, в котором был замешан посол Роберт Брюс Локхарт. Локхарт и Литвинов были арестованы своими правительствами, и в результате обмена Литвинов вернулся в Москву. Его новая миссия заключалась в «обеспечении быстрого вывоза золота и драгоценных камней из России»[158] через Скандинавию под прикрытием программы закупки паровых двигателей, позже известной как «золотые двигатели». Четверть золотых запасов России была перевезена в Швецию, а затем оттуда отправлена дальше. Настал момент возмездия для Ротшильдов.

21 апреля 1921 года Литвинов был назначен членом Совета народных комиссаров по валютным операциям и продаже золота за границу. «Несколько сотен миллионов [рублей] нашего золота прошли через мои руки, прежде чем были проданы за границу. Большую часть этого золота я продавал через различных посредников крупным французским компаниям, которые

---

[157] Там же, 188.
[158] Там же, 194.

переплавляли его либо во Франции, либо в Швейцарии, а затем это золото попадало в конечный пункт назначения — хранилища Федеральной резервной системы США[159] — частного банка, принадлежащего Ротшильдам! Литвинов стал «уполномоченным представителем банкиров — владельцев Федеральной резервной системы, Банка Англии и Советской России»[160] Как можно заметить, большевистская революция была ничем иным, как гигантской операцией по грабежу, осуществленной Ротшильдами.

В декабре 1921 года была создана Автономная промышленная колония Кузбасса. Она предоставляла контроль над обширным промышленным комплексом группе американских и европейских инвесторов, которые его финансировали. С этого момента «миллионы золотых рублей были вывезены за границу без уплаты каких-либо таможенных пошлин, якобы в качестве процентов, начисленных на капитал, вложенный европейскими банкирами»[161], несмотря на то, что эти инвестиции не все были столь значительными.

В 1924 году Иосиф Сталин стал лидером Советского Союза, но Литвинов, который никого не боялся, оставался видной фигурой. Его невежливость по отношению к Сталину была пресловута.[162] Во время чистки 1937–1938 годов почти все депутаты Литвинова были арестованы и расстреляны. Литвинов заступился за одного из своих ближайших друзей — Бориса Стомонякова — и сообщил Сталину, что ручается за него. Сталин посмотрел Литвинову в глаза и ответил: «Товарищ Литвинов, вы можете ручаться только за себя».[163]

С 1930 по 1939 год Литвинов занимал пост народного комиссара иностранных дел Советского Союза. В 1939 году отношения между национал-социалистической Германией и Советским Союзом начали потеплевать. Эта разрядка была проклятием для хозяев Литвинова, который хранил кошмарные воспоминания о Священном союзе, объединившем Австрию, Пруссию и Россию

[159] Там же, 199.
[160] Там же, 203.
[161] Там же, 204.
[162] Там же, 205, 206 и 209. В июне 1941 года на встрече иностранных дипломатов Литвинов появился в роскошном костюме из полярной шерсти. Сталин спросил его, почему он не одет в тёмный костюм, как все остальные. Литвинов в шутку ответил: «Его съели моль».
[163] Там же, 206.

в 1815 году, а также о «Трёхимператорском союзе», который Бисмарк инициировал между теми же тремя империями в 1872 году. Литвинов вмешался, но в этот момент Сталин устал от его наглого поведения. 3 мая 1939 года произошел тихий переворот, когда Сталин «снял с марионетки банковской мафии звание министра иностранных дел».[164]

Благодаря собственному государственному банку — Госбанку, основанному 16 ноября 1921 года, — Советский Союз наконец обрел суверенитет и независимость от международных банкиров. Все заместители Литвинова и их руководители были арестованы, но его самого пощадили, поскольку он был неприкосновенным. Литвинову разрешили уехать на *дачу*, но он находился под постоянным наблюдением.

Максим Литвинов (урожденный Валлах-Финкельштейн) более сорока лет был посредником Ротшильдов. Он организовал разграбление России международными банкирами.

[164] Там же, 207.

К концу 1941 года услуги Литвинова вновь оказались востребованы. С немцами, стучащимися в ворота Москвы, отчаянное положение Сталина требовало срочной помощи Запада. Литвинов был отправлен в Москву в качестве советского посла. Американцы не хотели давать деньги Советскому Союзу в долг, но Литвинов быстро все уладил, и через несколько недель был предоставлен кредит на миллиард долларов. Было подписано соглашение о ленд-лизе, и в течение следующих четырех лет было поставлено сырья и услуг на сумму 11 миллиардов долларов.

Литвинов «мог связаться с Белым домом в любое время, и президент [Рузвельт] принимал его немедленно»[165]. Эти два приспешника международных банкиров выкачивали золото — с одной стороны из России, с другой — из народа США — прямо в хранилища Федеральной резервной системы Ротшильдов.[166]

Литвинов[167] был отозван в 1943 году, когда ход войны склонился в пользу России. Его преемник на посту министра иностранных дел, Вячеслав Молотов, дает нам красноречивую оценку: «Литвинов проявлял к нам полную враждебность… Он заслуживал самого сурового наказания от рук пролетариата. Показательного наказания».[168]

С[1]по 22 июля 1944 года международные банкиры провели конференцию в Бреттон-Вудсе, штат Нью-Гэмпшир. Ее целью было создание Всемирного банка и Международного валютного фонда, которые регулировали бы отношения между независимыми странами и поддерживали бы фиксированные обменные курсы. Советские представители приняли участие в конференции, но отказались подписать документы, заявив, что предлагаемые институты являются лишь «филиалами Уолл- -стрит».[169] Такая дерзость Сталина, вероятно, вызвала гнев Ротшильдов, но они не могли сделать ничего, пока Германия

---

[165] Литвинов был послом с 10 ноября 1941 года по 22 августа 1943 года.

[166] Н. Стариков, указ. соч., 211. 5 апреля 1933 года Указом № 6102 правительство США конфисковало все золото у своих граждан, за исключением нумизматических монет, и обменяло его на бумажные деньги.

[167] Неудивительно, что Литвинов отказался писать свои мемуары.

[168] Ф. Чуев и А. Резис, *«Воспоминания Молотова»*, Чикаго, 1993, 68.

[169] Э. С. Мейсон и Р. Э. Ашер, *«Мир после Бреттон-Вудса: истоки, политика, деятельность и влияние Международного банка реконструкции»*, Вашингтон, округ Колумбия, Брукингский институт, 1973, 29.

оставалась непобежденной.

С 17 июля по 2 августа 1945 года в Германии проходила Потсдамская конференция. На ней были определены новые границы Европы. С этого момента Советский Союз постепенно оказался в изоляции, и это стало началом холодной войны. У Сталина не было никакого влияния на Западную Европу. Его армия была полностью истощена, и ему и так хватало дел с поглощением Восточной Европы под свою гегемонию и с устранением всего ущерба, нанесенного его стране, который он сам нанес, спровоцировав Германию превентивной войной.[170] С военной точки зрения сброс атомных бомб на Хиросиму и Нагасаки был бессмысленным, поскольку в январе 1945 года Япония уже пыталась договориться об условиях капитуляции. Ядерный холокост преследовал две зловещие цели: (i) наказать японцев за создание собственного государственного банка и (ii) послать предупреждение Советскому Союзу, который уже обладал государственным банком.

Холодная война изначально велась Западом с целью поставить Советский Союз на колени. Сталин, который был скорее националистом[171], чем коммунистом, сопротивлялся и, как утверждается, был отравлен, а затем ему позволили умереть[1]марта 1953 года от инсульта, при котором ему не было оказано никакой медицинской помощи.[172] С этого момента «холодная война» превратилась в фарс, поскольку Запад, и в частности США (États-), вкладывали огромные средства в Советский Союз. Значительные инвестиции были осуществлены на заводе в Горьком, где производились грузовики Ford, а также на крупнейшем в мире автомобильном заводе в Волгограде, выпускавшем автомобили Fiat. Также были вложены значительные средства в авиацию, информатику и электроэнергетику. Советский Союз стал привлекательным

---

[170] Сталин планировал напасть на Германию 6 июля 1941 года. См. В. Суворов, *«Главный виновник: великий замысел Сталина по развязыванию Второй мировой войны»*, Naval Institute Press, Аннаполис, Мэриленд, 2008, 328 с. Суворов считает, что «Советский Союз проиграл Вторую мировую войну», 280.

[171] См. К. Болтон, *«Сталин: Неизгладимое наследие»*, Black House Publishing, Лондон, 2012, 164 с.

[172] С.С. Монтефиоре, *«Сталин: двор красного царя»*, Weidenfeld & Nicolson, Лондон, 2005, 651–665. Инсульт Сталина, возможно, был вызван приемом варфарина — антикоагулянта, подмешанного в его вино за несколько дней до его смерти.

направлением для выгодных инвестиций.

Россияне вступили в армию, но с 50% бюджета, выделенного на вооружение, это была война, которую они не могли выиграть в долгосрочной перспективе. Это объясняет, почему уровень жизни в Советском Союзе никогда не дотягивал до западного, за исключением сферы общественных услуг, таких как образование и жилье.

В 1991 году Советский Союз развалился, и из США прибыла группа советников, чтобы внедрить чудеса капиталистической свободной торговли, включая подоходный налог и ростовщичество. Главной целью этих советников было «представить закон о Центральном банке России в подходящий момент, что нанесло больше ущерба, чем армия захватчиков, в плане потери суверенитета России».[173]

На протяжении почти 200 лет цари и советские власти сопротивлялись, но в конце концов Россия полностью попала в руки Ротшильдов.

Ответственность Ротшильдов в англо-бурской войне.

На протяжении всего XIX века мировая валютная система основывалась на золотом стандарте, который был разработан и поддерживался Ротшильдами. Открытие обширных золотых месторождений в Витватерсранде создало новый источник добычи, который необходимо было контролировать, чтобы эта мошенническая финансовая система могла выжить. К несчастью для Ротшильдов, эти новые шахты находились на территории независимой *Южно-Африканской Республики*.

В страну сразу же хлынули потоки мигрантов и спекулянтов. Некоторые из них были британцами, но значительная часть состояла в основном из «российских, польских и немецких евреев, склонных к кочеванию и не имеющих никакой привязанности или корней в какой-либо конкретной стране».[174]

[173] Н. Стариков, указ. соч., 182–183.
[174] Дж. А. Хобсон, *«Война в Южной Африке: ее причины и последствия»*, James Nisbet & Co., Limited, Лондон, 1900, 70. На стр. 12 Хобсон упоминает, что в «Справочнике Йоханнесбурга» за 1899 год было зарегистрировано 24 Джонса, 53 Брауна и 68 Коэнов.

Таким образом, владельцами золотых приисков почти всегда были евреи. Доминирующей компанией в этом секторе была Группа Экштейн, названная в честь ее директора Германа Экштейна. В эту группу входили Consolidated Goldfields и S. Neumann & Co. Профессор Джон Аткинсон Хобсон пишет в *книге «Война в Южной Африке: ее причины и последствия»*, что «Ротшильды владели большинством акций в Goetz & Co.» и что «Ротшильды стояли за Exploration Company, которую фактически руководили Вернер, Бейт и Ротшильд». »[175] Кроме того, он добавляет, что монополия на динамит и «богатая и влиятельная торговля спиртными напитками, как легальная, так и нелегальная, полностью находилась в руках евреев»; «бесполезно уточнять, что биржа полностью находится в руках евреев» и «что пресса Йоханнесбурга в основном является их частной вотчиной».[176]

Уже в начале 1890-х годов иностранных рабочих и спекулянтов было больше, чем буров. В 1896 году, после неудавшегося рейда Джеймсона, который пытался свергнуть правительство Трансвааля, была основана Южноафриканская лига как прикрытие для агитации общественности в пользу избирательных прав *уитландеров*, или аутландеров, то есть иностранцев. Чтобы защитить свой статус, буры хотели предоставить им право голоса только после 14 лет проживания. 30 мая 1899 года на конференции в Блумфонтейне, столице Оранжевой Республики, президент Пол Крюгер предложил сократить срок проживания до семи лет. Британский верховный комиссар сэр Альфред Милнер не сдался и заявил, что, с его точки зрения, это будет «реформа или война».[177] В конце концов, Крюгер, «обхватив голову своими широкими руками, со слезами, стекающими по бородатым щекам»[178], в отчаянии

---

[175] Там же, 193. См. также Р. Рудман, *«Англия под пятой еврея»*. Эта 21-страничная брошюра была взята из одноименной книги, написанной в 1918 году доктором Джоном Генри Кларком, врачом, и издана К. Ф. Ровортом в Лондоне. В ней дается красноречивый отчет о заговоре, затеянном еврейскими землевладельцами с целью свержения правительства Крюгера.

[176] Там же, 193.

[177] П. Дж. Преториус, *Volksverraad*, Libanon-Uitgewers, Мосселбай, Западный Кейп, 1996, 58.

[178] Р. Краус, *Old Master Thereof Jan Christian Smuts*, E.P. Dutton & Co. Inc., Нью-Йорк, 1944, 92.

воскликнул: «Вы хотите мою страну!»[179]

В сентябре 1899 года, в качестве провокации, британцы сосредоточили свои войска к югу от границы Трансвааля. 9 октября 1899 года просьба о том, чтобы «правительство Его Величества прекратило сосредотачивать свои войска на границах Республики и посылать военные подкрепления со всей Британской империи»[180], была проигнорирована. Два дня спустя разразилась война.

Хотя буры располагали лишь армией любителей-всадников, вначале они совершили выдающиеся подвиги. Однако в конечном итоге они оказались в невыгодном положении из-за превосходства противника в вооружении и численности. С июня 1900 года буры прибегли к партизанской. Крошечный отряд из 6000 человек смог сдержать почти 450 000 солдат из величайшей империи мира.

Перемирие было подписано в Веренигинге 31 мая 1902 года. Война стала полной катастрофой для буров. В ходе беспрецедентной операции «выжженной земли» имущество буров было уничтожено, колодцы отравлены, их стада забиты (в основном путем перерезания сухожилий «для экономии боеприпасов»), а их женщины изнасилованы. Было разрушено 25 городов. 136 000 женщин и детей были согнаны в 46 концентрационных лагерей, состоящих из палаток, где зимой температура опускалась ниже нуля. 34 000 из них умерли от недоедания и ужасающих санитарных условий. 75 % из них были моложе 16 лет.

Британцы также понесли тяжелые потери: 21 942 погибших (35% в бою, 65% от болезней) и 22 829 раненых. Банкиры получили удовлетворение от того, что профинансировали войну на сумму 222 миллиона фунтов стерлингов, тем самым увеличив государственный долг Великобритании на 132 миллиона фунтов стерлингов. Для Ротшильдов англо-бурская война стала полной победой.

---

[179] Т. Пакенхэм, *«Бурская война»*, Jonathan Ball Publishers, Лондон, 1979, 68.

[180] С.М. Гудсон, *«Генерал Ян Кристиан Смутс: развенчание мифа»*, Bienedell Uitgewers, Претория, 2013, 11.

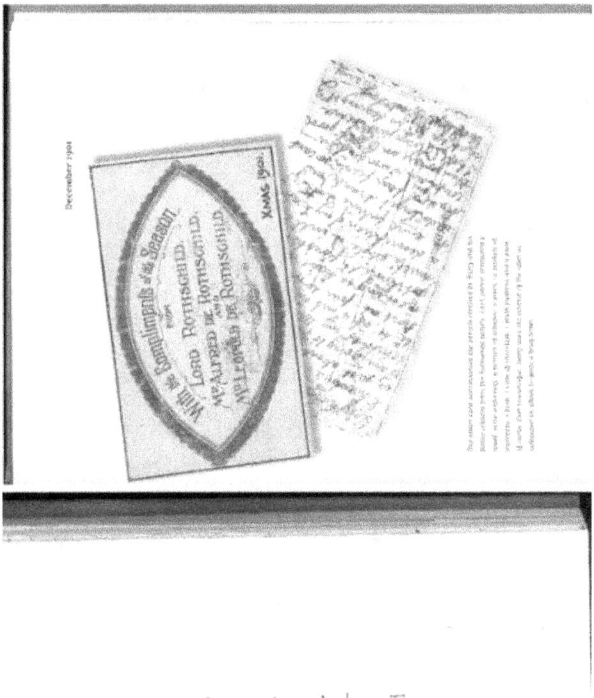

Поздравительная открытка, отправленная **Ротшильдами**. В декабре 1901 года Ротшильды отправили своим «войскам» на фронте рождественскую корзину, содержавшую письменные принадлежности, порцию табака, трубку, 12 пачек сигарет, книгу, шоколадный торт, пудинг и колоду карт.

Банк Содружества Австралии

Банк Содружества Австралии был создан по инициативе американца Кинга О'Мэлли, который открыл секрет банковской системы частичных резервов, работая в банке своего дяди в Нью-Йорке в 1880-х годах. Когда первого управляющего банка, сэра Деннисона Миллера, спросили, где он найдет капитал для своего банка, он ответил: «Какой капитал? Мне не нужен капитал, моим капиталом является богатство и кредит всей Австралии».[181]

С авансом в 10 000 фунтов стерлингов от правительства, который был быстро погашен, 15 июля 1912 года был основан Банк Содружества Австралии. Хотя он был учрежден как частный банк, он функционировал как государственный, обладая всеми полномочиями по ведению дел, как и любой другой банк, включая право выступать в качестве сберегательной кассы. Кроме того, банку было разрешено привлекать капитал путем продажи облигаций, обеспеченных государственным кредитом. Его прибыль распределялась поровну между двумя фондами — резервным фондом для выполнения обязательств банка и фондом погашения для выплаты облигаций или акций, выпущенных банком. Затем 50 % его прибыли направлялось на погашение государственного долга.

Кинг О'Мэлли (1854–1953) был вдохновителем создания государственного банка Австралии — Commonwealth Bank of Australia.

[181] Р. Голлам, указ. соч., подробно описывает события, приведшие к созданию банка.

В течение 12 лет, несмотря на Первую мировую войну (1914–1918), Австралия переживала один из самых процветающих периодов в своей истории. Предоставляя правительству ссуды под номинальную процентную ставку в размере 2/3 процента годовых, банк позволил стране инвестировать средства в масштабную инфраструктурную программу. Сумма в размере 18,72 млн австралийских долларов была выделена на строительство плотин и ирригационной системы реки Муррамбиджи, трансконтинентальной железной дороги, электростанций, газовых заводов, портов, дорог и трамвайных линий. Кроме того, выращивание фруктов, пшеницы и сбор шерсти фермерами финансировались на сумму 3 млн австралийских долларов под номинальную процентную ставку. 4 млн австралийских долларов были выделены на покупку 15 пароходов для организации растущего экспорта Австралии, а 8 млн австралийских долларов были направлены на жилищное строительство. Первая мировая война обошлась Австралии в 700 млн австралийских долларов, но эти расходы были профинансированы Банком в виде беспроцентного кредита.

Этот период феноменального процветания закончился в 1924 году, когда Стэнли Мельбурн Брюс, премьер-министр (1924–1929) и доктор Эрл Пейдж, его партнер по коалиции.[182] Брюса часто подозревали в получении взяток, поскольку его действия полностью противоречили интересам австралийского народа. За время его пребывания у власти австралийское правительство заняло 230 миллионов фунтов стерлингов у лондонского Сити[183], и к 1927 году федеральный и штатный долги достигли в совокупности 1 миллиарда фунтов стерлингов, а бюджет оказался дефицитным.[184]

10 октября 1924 года закон был принят. В результате банк оказался под контролем группы людей, которые позже лишили его права выпускать национальную валюту без долга и без процентов. В 1927 году Банк лишился своих сберегательных отделений, и хотя он по-прежнему имел право выпускать банкноты и тем самым получать минимальный доход от сениоража, впоследствии он превратился в центральный банк,

---

[182] Брюс и Эрл были лидерами двух политических партий — Национальной и Сельской.

[183] С. Макинтайр, «*Краткая история Австралии*», Cambridge University Press, Мельбурн, 2009, с. 168.

[184] И. М. Кампстон, «*Лорд Брюс из Мельбурна*», Longman Cheshire, Мельбурн, 1989, с. 74.

действующий исключительно в интересах частных банков. Окончательная измена Банка произошла 20 марта 1947 года, когда Палата представителей 55 голосами против 5 одобрила его членство в Международном валютном фонде и тем самым подчинилась постановлениям и диктату Банка международных расчетов, контролируемого Ротшильдами.

Первая мировая война

Первая мировая война началась 28 июня 1914 года, когда Гаврило Принцип, предположительно еврейского происхождения и член террористической группы «Черная рука», убил в Сараево, Босния и Герцеговина, эрцгерцога Франца-Фердинанда, наследника австрийского престола, и его чешскую жену. Принцип был соратником Леона Троцкого (настоящее имя — Лев Давидович Браунштейн),[185] русского еврея, который вступил в сговор со своим товарищем-евреем Владимиром Лениным (переименованным в Ульянова при усыновлении, но носившем настоящее имя Зедербаум)[186] с целью свержения российской монархии. В свою очередь, он финансировался

[185] О предполагаемом происхождении Принсипа см. W. G. Simpson, *Which Way Western Man?*, Yeoman Press, Нью-Йорк, 1978, с. 682, где он цитирует работу Леона де Понсина «*Les Forces Secrètes de la Révolution*» (Издательство Saint-Rémi), который, в свою очередь, ссылается на архивы судебного процесса над убийцей. См. также «*Красную симфонию*» Ж. М. Ландовски, Hadès Éditions, допрос, проведенный НКВД (тайной полицией Сталина) Кристиана Г. Раковского (настоящее имя — Хаим Раковер), где он признается, что Троцкий стоял за убийством эрцгерцога Фердинанда и что пятиконечная советская звезда символизирует пять филиалов братьев Ротшильдов (Франкфурт, Лондон, Неаполь, Париж и Вена).

[186] Отец Ленина был бурятом, не этническим русским. Его прадед по материнской линии был Мойше Ицкович Бланк, а дед — Срул Мойсевич Бланк. Последний сменил свое имя на Александр. Зев Бен-Шломо, жизнь и наследие Ленина, Дмитрий Волкогонов, *Jewish Chronicle*, Лондон, 4 апреля 1995 г. Мать Ленина, Мария Бланк, была еврейкой. Когда его родители умерли, его и его брата усыновила еврейская семья. В 1929 году сестра Ленина Анна Ульянова-Елизаров предложила Сталину раскрыть его еврейское происхождение, чтобы противостоять повсеместному антисемитизму и привить массам «еврейский революционный дух». Несмотря на то, что Ленин якобы пользовался почитанием масс, Сталин попросил его сохранить это в тайне, поскольку такое раскрытие могло бы дать всем понять, что большевистская революция была на 100 % еврейской. Джесси Зель Лури, «Ленин был тайным евреем», *Bronward Jewish Journal*, 25 февраля 1992 г. Согласно отчету, опубликованному в *The Times* 10 мая 1920 года на основе советских источников, 458 из 556 ведущих чиновников режима были евреями, что составляет 82,4%. Автор посетил один из последних музеев Ленина в Тампере, Финляндия, где Ленин планировал Ноябрьскую революцию 1905 года в России.

американским евреем Джейкобом Шиффом ([187]), который был подставным лицом английского еврея лорда Уолтера Ротшильда, главного вдохновителя этой ужасной катастрофы. Эти факты были подтверждены в Сенате США в 1921 году, когда было заявлено, что «полная ответственность за Первую мировую войну лежит на плечах международных еврейских банкиров. Они ответственны за миллионы смертей. »[188] В конце октября 1926 года еще одно подтверждение этих неопровержимых фактов было раскрыто в разговоре между британским парламентарием Виктором Х. Казалетом и Генри Фордом (1863–1947). Когда последнего спросили, кто такие международные еврейские финансисты, он ответил: «У меня есть несколько книг, которые расскажут вам, кто они. Они были ответственны за последнюю войну, и в будущем они всегда будут способны развязать войну, когда почувствуют в этом необходимость».[189]

---

[187] См. Энтони С. Саттон, *«Уолл-стрит и большевистская революция»*, Le Retour aux Sources, 2010.

[188] Архивы Конгресса США, 67-я сессия, 4-е заседание, Документы Сената № 346, 1921 г. В 1928 году еврейский писатель Маркус Эли Раваж написал следующее: «Вы еще не начали в полной мере осознавать истинную глубину нашей вины. Мы — чужаки. Мы — извратители. Мы захватили ваш естественный мир, ваши идеалы, ваше предназначение и опустошили их. Мы стояли у истоков не просто последней великой войны [Первой мировой войны], но почти всех ваших войн, не только Русской революции, но всех великих революций в вашей истории. Мы сеяли раздор и смятение и засеяли разочарование в вашей личной и общественной жизни. Мы продолжаем это делать. Никто не может сказать, как долго мы будем это продолжать». *The Century Magazine*, январь 1928 г., т. 115, № 3, с. 346–350, цитируется Б. Классеном в *The White Man's Bible, The Church of the Creator*, Отто, Северная Каролина, 1981 г., с. 287–289.

[189] А. Н. Филд, *«Правда о кризисе — о чем не говорят в новостях»*, частное издание, Нельсон, Новая Зеландия.

Генри Форд, пионер автомобилестроения, назвал международных еврейских банкиров зачинщиками Первой мировой войны, изложив свои выводы в статье *«Международный еврей»*, опубликованной в газете *«Dearborn Independent»*.

Торговые противоречия, игра союзов и неверно истолкованные позиции часто представляются в качестве основных причин Первой мировой войны. Однако истинные причины, в порядке их важности, были следующими:

1) Разрушить Российскую империю и ее Государственный банк

2) Разрушить другие империи (Австро-Венгерскую, Германскую и Османскую), разделив их на более мелкие государства,

которые затем можно было бы легче эксплуатировать посредством создания центральных банков.

3) Захватить Палестину и создать сионистское марионеточное государство под прямым контролем Ротшильдов.[190]

В конце 1916 года британские и французские армии оказались под угрозой поражения в войне, поскольку французы уже подняли мятеж на Западном фронте. Британцы уже утратили свое морское превосходство в Ютландском сражении 3 мая 1916 года, когда немецкий флот, находясь в численном меньшинстве (один против двух), унизил непобедимый Королевский флот, потопив 12 кораблей и потеряв 6, понеся потери в 2 551 моряка против 6 094, понесенных британцами.[191] Оба кайзера отчаянно пытались положить конец этой бессмысленной братоубийственной бойне. Тогда появилось предложение от лорда Ротшильда, гарантировавшего поддержку Америки в обмен на передачу Палестины группе сионистских евреев после ликвидации Османской империи.[192]

6 апреля 1917 года Соединенные Штаты объявили войну Германии[193] и другим странам Центральных держав, а 2 ноября 1917 года лорд Ротшильд и его сионистские соратники получили от Великобритании письменное заверение о предоставлении Палестины еврейским поселенцам.[194] Этот печально известный

---

[190] Н. Фергюсон, *«Дом Ротшильдов, мировой банкир 1849–1999»*, т. 2, Penguin Books, Лондон, 1999, с. 449.

[191] Леон Дегрель, *«Гитлер, родившийся в Версале»*, том 1 из серии *«Век Гитлера»*.

[192] Движение «Молодых турок», организовавшее падение Османской империи, в основном состояло из *евреев-донме* (турецкий термин, означающий «обращенные»), которые следовали еврейскому культу саббатианства, основанному Саббатием Цеви в середине XVII века. П. Папахераклес, «Молодые турки и массовое убийство 117 миллионов белых», *The Barnes Review*, Вашингтон, округ Колумбия, т. XVIII, № 2, март/апрель 2012 г., с. 22–31.

[193] В речи, произнесенной в отеле «Уиллард» в Вашингтоне, округ Колумбия, в 1961 году, Бенджамин Фридман (Фридман), бывший еврей, обратившийся в католицизм, подтвердил, как немецкие евреи предали Германию во время Первой мировой войны, заманив в ловушку Соединенные Штаты и заставив их присоединиться к Англии в обмен на будущее обещание Палестины.

[194] Более 98% сионистских поселенцев в Палестине — ашкеназы, не имеющие абсолютно никакой семитской этнической связи с этой территорией. Они являются потомками Хазарского царства, которое располагалось на юге России в районе современной Грузии. Хазары подверглись массовому обращению в иудаизм по инициативе своего монарха, царя Булана, в VIII веке н. э. Подтверждение этому можно найти в статье о краниометрии доктора Мориса Фишберга в *«Еврейской энциклопедии»* IV, 1902, стр. 331–335. Это исследование, охватившее около 3000 еврейских черепов из разных стран за 20-летний период, показало, что они относятся к категории брахицефалии, или широкоголовых, с индексом 80; в

документ, известный как Декларация Бальфура, был составлен лордом Артуром Джеймсом Бальфуром, министром иностранных дел Великобритании, и генералом Яном Кристианом Смутсом, членом Имперского военного кабинета.

Foreign Office,
November 2nd, 1917.

Dear Lord Rothschild,

I have much pleasure in conveying to you, on behalf of His Majesty's Government, the following declaration of sympathy with Jewish Zionist aspirations which has been submitted to, and approved by, the Cabinet

"His Majesty's Government view with favour the establishment in Palestine of a national home for the Jewish people, and will use their best endeavours to facilitate the achievement of this object, it being clearly understood that nothing shall be done which may prejudice the civil and religious rights of existing non-Jewish communities in Palestine, or the rights and political status enjoyed by Jews in any other country"

I should be grateful if you would bring this declaration to the knowledge of the Zionist Federation.

Письмо лорда **Артура Бальфура** лорду **Уолтеру Ротшильду**, лидеру Сионистской федерации, подтверждающее поддержку Великобритании в создании сионистского государства в Палестине.

отличие от голов арабов, которые являются долицефальными, или длинноголовыми. См. также Артур Кестлер, *«Тринадцатое племя: Хазарская империя и ее наследие»*. Рамдон Хаус, 1976, с. 255. И Шломо Сэнд, *«Как был изобретен еврейский народ»*, Verso, 2009, стр. 344, и *«Как была изобретена земля Израиля: от Святой Земли к родине»*, Verso, 2012, стр. 304. 5 декабря 2012 года исследование, подготовленное доктором Эраном Эльхайком, исследователем-генетиком из Медицинской школы Университета Джонса Хопкинса, было опубликовано Oxford University Press по заказу Общества молекулярной биологии и эволюции и подтвердило, что «хазарская теория» является научно верной.

Кровавая бойня, порожденная этой бессмысленной войной, продолжалась еще два года. Россия была полностью разрушена, а на Ближнем Востоке возникла неразрешимая проблема. Как пророчески заметил раввин Рейхорн в 1859 году: «Войны — это урожай евреев, ибо благодаря им мы истребляем христиан и захватываем их золото. Мы уже убили 100 миллионов. Мы втянем христиан в другие войны, используя их национальную гордость и глупость. Тогда они будут убивать друг друга, тем самым освобождая больше места для нашего народа. »[195] В том же духе Гутле Шнаппер, жена Майера Амшеля Ротшильда, заявила незадолго до своей смерти в 1849 году: «Если бы мои сыновья не хотели войны, ее бы не было».[196]

11 ноября 1918 года было подписано перемирие, а семь месяцев спустя, 28 июня 1919 года, был подписан крайне несправедливый Версальский договор. Германия должна была согласиться взять на себя всю вину и выплатить непомерные репарации в размере 6,6 миллиардов фунтов стерлингов[197], что эквивалентно всему богатству страны, хотя другие воюющие стороны — Англия, Франция и Россия — были в равной степени, если не в большей, виновны. Эти средства должны были пойти на погашение мошеннических займов и фиктивных процентов, предоставленных правительствам Великобритании и Франции международными банкирами. Как заявил на конференции генерал Смутс: «Все, что мы здесь сделали, гораздо хуже, чем было на Венском конгрессе. Государственные деятели 1815 года по крайней мере знали, что происходит. Наши политики же не имеют об этом ни малейшего представления».[198]

---

[195] *Le Contemporain*, 1 [1]июля 1880 г.
[196] Н. Фергюсон, указ. соч., с. 20.
[197] Согласно калькулятору инфляции Банка Англии, 6,6 млрд фунтов стерлингов в 2012 году соответствовали 289 млрд фунтов стерлингов. www.bankofengland.co.uk/education/Pages/inflation/calculator/flash/default.aspx
[198] Леон Дегрель, указ. соч., с. 335.

ГЛАВА V

Великая депрессия

«Капитал должен защищаться всеми возможными способами, как с помощью махинаций, так и с помощью законодательства. Долги должны быть погашены, ипотеки должны быть изъяты как можно скорее. Когда в результате юридических процедур простые люди теряют свои дома, они становятся более покорными и легче поддаются управлению со стороны светской власти, движимой центральной властью, осуществляемой богатыми под руководством финансистов. Эти истины хорошо известны нашим агентам, которые сейчас занимаются формированием империализма для управления миром. Разделяя избирателей с помощью системы политических партий, мы заставляем их тратить свои силы и бороться за незначительные вопросы. Именно таким образом, посредством незаметных действий, мы сможем обеспечить себе то, что уже было так хорошо спланировано и с таким успехом осуществлено».

- Монтагу Норман, управляющий Банком Англии, в речи перед Ассоциацией банкиров США в Нью-Йорке в 1924 году.

В начале XX века насчитывалось всего 18 центральных банков: Шведский Риксбанк (1668), Банк Англии (1694), Банк Испании (1782), Банк Франции (1800), Банк Финляндии (1812), Банк Нидерландов[199] (1814), Норвежский банк (1816), Австрийский банк (1816), Банк Дании (1818), Банк Португалии (1846), Банк Бельгии (1850), Банк Индонезии (ранее Банк Явы) (1865), немецкий Рейхсбанк (1876), Национальный банк Болгарии (1879), Национальный банк Румынии (1880), Банк Японии (1882), Национальный банк Сербии (1884) и Банк Италии (1893).

В 1922 году с 10 апреля по 19 мая в Генуе прошла конференция, на которой присутствовали все главы государств, управляющие Банка Англии, Банка Франции и Федерального резервного банка Нью-Йорка, а также множество международных банкиров. На этой конференции было решено создать центральные банки во всех странах, где их еще не было. Управляющий Банком Англии Монтагу Норман ([200]) настаивал на том, что центральные банки

[199] Предшественником *De Nederlandsche Bank* был *Amterdamsche Wisselbank*, основанный в 1609 году Дирком ван Осом, который, таким образом, может считаться первым центральным банком в мире.

[200] Монтагу Норман, масон, был очень скрытным человеком и часто действовал тайно. Когда он выезжал за границу, он использовал псевдоним «профессор

должны быть независимыми от своих правительств.[201] А. Н. Филд описывает это значимое событие в своей книге *«All These Things»*:

> «Несмотря на смелость этих методов, они увенчались полным успехом. Экономисты, получающие зарплату, с блаженством обнаружили, что резервные банки являются чудесными научными инструментами, газеты присоединились к аплодисментам, а политики различных штатов вели себя как дисциплинированные пастухи, ведущие овец на скотобойню. Тот факт, что финансисты ни в коей мере не являются государственными служащими, а всего лишь агентами, оплачиваемыми акционерами банковской компании, и чьи интересы не имеют ни малейшего отношения к национальным интересам».[202]

Банк международных расчетов

Число новых центральных банков увеличилось, особенно «после создания Банка международных расчетов в Базеле в 1930 году, [когда] резервные центральные банки (более или менее независимые от правительств стран, в которых они находились) [выросли] как грибы по всему миру, при единодушном одобрении правительств и их народов, обоих обманутых этими банками, намеревавшимися поработить их.[203]

Первоначальной целью БМР было облегчить выплату Германией военных репараций в соответствии с условиями Версальского договора, но как только начали сказываться последствия Великой депрессии — искусственно спровоцированной — и национал-социалисты пришли к власти в январе 1933 года, все выплаты были приостановлены, и БМР пришлось найти новое направление деятельности, а именно содействие валютному сотрудничеству. Фактически БМР руководит и управляет глобальной финансовой системой через

Скиннер». Это было имя его секретаря, Эрнеста Скиннера. На протяжении всего своего срока полномочий он никогда не посещал страны, не имевшие центрального банка, и никогда не вступал в разговор с управляющим центрального банка в присутствии иностранного министра финансов. Р. С. Сейерс, *«Банк Англии 1891–1944»*, Cambridge University Press, Кембридж, 1976, с. 159–160.

[201] А. Н. Филд, *«Все эти вещи»*, Omni Publications, Хоторн, Калифорния, 1936, с. 7.

[202] Д. Дж. Амос, *«История Банка Содружества»*, Veritas Publishing Company Pty Ltd, Буллсбрук, Австралия, 1986, с. 27.

[203] Там же, с. 8.

центральные банки каждой страны, 60 из которых напрямую подчиняются ему.

Штаб-квартира банка находится в Базеле, Швейцария, и в настоящее время располагается в 18-этажном здании, напоминающем градирню электростанции. Это центральный банк центральных банков, его руководители не избираются и ни перед кем не отчитываются, его устав гарантирует ему иммунитет в отношении национальных и налоговых законов, и он располагает собственными частными полицейскими силами. Кроме того, в соответствии с соглашением, заключенным с Федеральным советом Швейцарии, архивы банка, а также все его документы и электронные данные, являются неприкосновенными в любое время и в любом месте. Это соглашение восходит к статье X пункта 2 Гаагского протокола, который был подписан 31 августа 1929 года и в котором указано: «Банк, его имущество и активы, а также депозиты или иные средства, вверенные ему на территории или под управлением… остаются свободными от любых ограничений и мер, таких как цензура, реквизиции, арест или конфискация, в мирное или военное время, а также свободны от любых мер возмездия, запретов или ограничений на экспорт золота или валюты и других подобных вмешательств, ограничений или запретов. » Его заседания, проходящие два раза в месяц и посвященные обсуждению мировой экономики, проводятся в условиях абсолютной секретности. Там нет письменной повестки дня, за исключением случаев, когда требуется пересмотр одного из уставов банка, и протоколы не сохраняются. Основными функциями банка официально являются:

(i) Содействие сотрудничеству между центральными банками посредством заключения соглашений.

(ii) Содействие финансовой стабильности

(iii) Поиск политических решений

(iv) Выступать в качестве контрагента по финансовым сделкам центральных банков.

(v) Выступать в качестве агента или администратора в связи с международными финансовыми операциями.

Однако истинная природа БМР была раскрыта в книге «*Трагедия и надежда*», написанной инсайдером, профессором

Джорджтаунского университета Кэроллом Куигли, который объяснил:

> «Помимо всех этих прагматических целей, силы финансового капитализма преследовали грандиозную цель — ни больше ни меньше, как создать глобальную систему финансового контроля в частных руках, способную доминировать над политической системой каждой страны и экономикой всего мира в целом. Эта система должна была находиться под феодальным контролем центральных банков всего мира, действующих сообща на основе секретных соглашений, заключаемых на частых встречах и конференциях. Вершиной системы должен был стать Банк международных расчетов в Базеле, Швейцария, частный банк, принадлежащий и контролируемый центральными банками мира, которые сами по себе являются частными организациями. Каждый центральный банк, находящийся в руках таких людей, как Монтагу Норман из Банка Англии, Бенджамин Стронг из Федерального резервного банка Нью-Йорка, Чарльз Рист из Банка Франции и Хьялмар Шахт из Рейхсбанка, стремился доминировать над своим правительством благодаря способности контролировать государственные займы, манипулировать внешней торговлей, влиять на уровень экономической активности внутри страны и вознаграждать сотрудничающих политиков влиятельными должностями в деловом мире».[204]

Иллюзия и реальность — очередь безработных в Чикаго в 1937 году.

[204] Кэролл Куигли, *«Трагедия и надежда: история мира в наше время»*, The Macmillan Company, Нью-Йорк, 1966, с. 324.

Как предсказал профессор Куигли в 1966 году, конечной целью БМР является единая мировая валюта, единая мировая экономическая система и мировое правительство, при котором национальные законы больше не будут применяться и не будут иметь оправдания. Контроль над Банком находится в руках дома Ротшильдов через его инвестиции в различные центральные и другие частные банки.

После Второй мировой войны и распада европейских колониальных империй, поскольку они перестали быть экономически жизнеспособными и открывали лучшие перспективы для их эксплуатации через международные займы,[205] произошло распространение центральных банков, и в настоящее время их число составляет 155. Восемь из этих банков находятся полностью под частным контролем: Национальный банк Бельгии, Банк Греции, Банк Италии, Банк Японии, Резервный банк Южной Африки, Швейцарский национальный банк, Центральный банк Турецкой Республики и Федеральная резервная система США. Скоординированное создание всех этих центральных банков без всякого сомнения доказывает, что все они являются частью «международного банковского конгломерата».[206]

Федеральная резервная система США

В период с 1820 по 1910 год, несмотря на временный скачок цен во время Гражданской войны (1861–1866), доллар сохранил свою покупательную способность, то есть через 90 лет доллар по-прежнему стоил доллар. Однако Федеральной резервной системе понадобилось всего шесть лет, чтобы уничтожить стоимость доллара. В период с 1914 по 1920 год цены выросли на 125%, что привело к снижению его стоимости на 56,1%.

Прежде чем перейти к Великой депрессии, необходимо кратко рассмотреть причины первой крупной дефляции. С целью контроля над ценами 18 мая 1920 года в Вашингтоне, округ Колумбия, состоялось секретное банковское совещание под обманчивым названием «Методический комитет по дефляции

[205] Описание того, как Всемирный банк и, в частности, МВФ посредством программы структурной перестройки последнего эксплуатировали развивающиеся страны с помощью иностранных кредитов, см. П. Т. Бауэр, *«Равенство, третий мир и экономические иллюзии»*, Harvard University Press, Кембридж, Массачусетс, 1981, с. 304, и Дж. Перкинс, *«Исповедь финансового убийцы»*, Alterre, 2005.
[206] А. Н. Филд, указ. соч., с. 5.

Ассоциации американских банкиров».[207] По приказу Федеральной резервной системы, без предварительного уведомления или предупреждения, учетная ставка быстро выросла с 2% до 9% и выше. Одновременно Федеральная резервная система начала активно продавать казначейские облигации, снизив их стоимость на 20%. Падение цен на казначейские облигации снизило стоимость резервов банков, которые были вынуждены требовать погашения ссуд. Это вызвало «ужасную распродажу всех сельскохозяйственных продуктов»[208], и «цены на сельскохозяйственную продукцию обрушились, достигнув самого низкого уровня и приведя к разорению фермеров».[209]

В то же время грузовые компании, владевшие крупнейшими монополиями, такие как Харриманы, повысили свои тарифы на автомобильные перевозки до такой степени, что в некоторых штатах стоимость транспортировки превышала себестоимость производства. Индекс производства фермерских хозяйств рухнул более чем наполовину, снизившись с 244 до 117 через год, в мае 1920 года. Многие фермеры обанкротились, поскольку их накладные расходы остались неизменными, но финансовые затраты резко выросли.

Неограниченные полномочия, которыми обладает Федеральная резервная система, позволили ей сократить денежную массу США и кредит США на 2 миллиарда долларов, что привело к «сокращению цен вдвое и царящему бедствию и хаосу». »[210] Эта политика была сознательно проведена[211] с целью обнищать сельскохозяйственный сектор[212] путем перекачки денег из сельской местности в городские центры, одновременно снижая продовольственную самодостаточность Америки, что делало ее уязвимой перед интригами и прихотями мошенников и

---

[207] Г. М. Куган, *«Создатели денег: кто создает деньги? Кто должен их создавать?»*, Omni Publications, Хоторн, Калифорния, 1963 г. (впервые опубликовано в 1935 г.), с. 62.

[208] Там же, с. 62.

[209] Там же, с. 62.

[210] А. Н. Филд, *«Правда о кризисе»*, самоиздание, Нельсон, Новая Зеландия.

[211] Там же, с. 200.

[212] Умышленный крах американского сельского хозяйства можно сравнить с уничтожением сельскохозяйственного производства в 1930-х годах на Украине (русское слово, обозначающее границу) Сталиным и последовавшим за этим Голодомором (русский термин, обозначающий истребление голодом), в ходе которого шесть миллионов кулаков (русское слово, означающее «кулак») были либо казнены, либо погибли от голода.

финансовых спекулянтов.[213]

В июле 1921 года Федеральная резервная система изменила эту политику, приступив к массовому выкупу казначейских облигаций. Однако ущерб, нанесенный сельскохозяйственным банкам, не удалось возместить, и сельскохозяйственная продукция оставалась в состоянии искусственной депрессии, причем некоторые виды продукции даже продавались по ценам ниже себестоимости.

В августе 1927 года заговорщики, владевшие и управлявшие Федеральной резервной системой, решили, что пришло время создать новый «пузырь». Несмотря на протесты 11 из 12 федеральных банков, которые осознавали опасность этого шага, им приказали снизить ставки редисконтирования и приступить к программе массового выкупа казначейских облигаций (современный эквивалент нынешнего количественного смягчения), чтобы увеличить денежную массу.[214]

Очень небольшая часть этой созданной *из ничего* денежной массы была направлена на производственные инвестиции, а основная часть была влита в фондовые рынки, где коэффициент цена/прибыль ([215]) вскоре достиг 20, а в некоторых случаях — 50. Продажные СМИ и «экономисты» объявили о наступлении «новой эры» постоянного процветания и целенаправленно раздували пламя спекуляции, в то время как 16 миллионов американцев из 73-миллионного взрослого населения покупали и продавали акции.

9 марта 1929 года масон Пол Варбург, основатель Федеральной резервной системы, посоветовал всем банкам-членам, а также министру финансов, своему товарищу по масонству Эндрю Меллону, выйти с фондового рынка или открыть короткие позиции. Он сообщил им, что, если они действуют немедленно, то получат огромную прибыль, поскольку индекс Доу-Джонса вот-вот рухнет.

24 октября 1929 года Федеральная резервная система решила положить конец этой спекулятивной оргии и начать свою крупномасштабную аферу. Ставка редисконтирования внезапно поднялась до 6%. Со всех сторон на Нью-Йоркскую фондовую

---

[213] А. Н. Филд, указ. соч., с. 204.
[214] Г. М. Куган, указ. соч., с. 67.
[215] Коэффициент рассчитывается путем деления цены акций на доходность на одну акцию.

биржу поступили тысячи ордеров на продажу по «рыночной цене» — типичный трюк, используемый спекулянтами для быстрого обвала курсов. Доверие внезапно испарилось, и началась первая спланированная Великая депрессия. Переломный момент наступил шесть дней спустя, 30 октября 1929 года, когда Федеральная резервная система распорядилась сократить кредиты, выданные брокерам, на сумму 2,3 миллиона долларов. Фондовый рынок рухнул, и к декабрю 1932 года стоимость котируемых ценных бумаг упала на 83,1%, сократившись с 89 миллиардов долларов до 15 миллиардов долларов.

Экономические и социальные последствия этого коллапса были разрушительными. Из 24 000 банков 10 000 обанкротились, оставив своих вкладчиков разоренными. 200 000 компаний объявили о банкротстве, а 8,3 миллиона человек оказались на улице. В течение последующих трех лет 24,9 %[216] трудоспособного населения оставались без работы. Национальный доход США сократился на 40,7%, снизившись с 81 млрд долларов в 1927 году до 48 млрд долларов в 1932 году. По оценкам, в годы Великой депрессии от голода умерли три миллиона человек. Основными причинами смерти были недоедание, инфекционные заболевания и самоубийства.

Ссылаясь на обвал Нью-Йоркской фондовой биржи, который спровоцировал Великую депрессию, член Конгресса Луис Т. Макфадден точно заявил: «Это было тщательно спровоцированное событие… Международные банкиры[217] стремились создать отчаянные условия, чтобы лучше выступить в роли верховных правителей всех нас».[218]

А. Н. Филд осудил бесполезность центральных банков и извращенные цели, для которых они постоянно использовались:

> «Центральные банки как средство предотвращения финансовых кризисов продемонстрировали свою полную несостоятельность в Соединенных Штатах. Этот факт никоим образом не повлиял на создание центральных банков во всех странах. Утверждалось, что финансисты,

---

[216] Лига Наций, World Economic Survey: Eighth Year, 1938/1939 (Женева, 1939) с. 128.

[217] В 1920-х и 1930-х годах термин «международные банкиры» был распространенным выражением, используемым для обозначения еврейских банкиров. Другим используемым эвфемизмом было выражение «космополитические финансисты».

[218] A. N. Field, указ. соч., с. 202.

> стоящие у руля Федеральной резервной системы США, не заинтересованы в стабильных условиях, и что беспрецедентные пузыри и рецессии, сменявшие друг друга с момента ее создания, были вызваны намеренно. По крайней мере, несомненно, что те, кто контролирует систему, выдвигали самые решительные возражения против любого, кто пытался добиться от Конгресса принятия законов, обязывающих Федеральную резервную систему использовать свою огромную власть для поддержания покупательной способности своей валюты на стабильном уровне».[219]

В статье в газете *«Financial Times»*, написанной в 1930 году, профессор Карл Густав Кассель[220] из Стокгольмского университета заметил: «Абсолютная власть над благосостоянием мира фактически была передана в руки Совета управляющих Федеральной резервной системы. И нельзя не быть потрясенным, видя, как, по-видимому, произвольно эти управляющие используют эту власть и насколько это противоречит требованиям, которыми должна руководствоваться денежно-кредитная политика Америки».[221]

Давайте на мгновение остановимся, чтобы процитировать громкую речь, произнесенную в пятницу, 10 июня 1932 года, в Палате представителей бывшим председателем Комиссии по банковскому делу и денежному обращению (1920–1931) достопочтенным Луисом Т. Макфадденом:[222]

> «Господин председатель, в нашей стране существует одно из самых коррумпированных учреждений, которые когда-либо знал мир. Я имею в виду Совет управляющих Федеральной резервной системы и Федеральные резервные банки.
>
> Этот Совет управляющих, являющийся органом правительства, обманул правительство Соединенных

[219] А. Н. Филд, *«Все эти вещи»*, Omni Publications, Хоторн, Калифорния, 1936, с. 121–122.

[220] Профессор Кассель был одним из основателей *Handelshögskolen i Stockholm* (Стокгольмской школы экономики). Школа принципиально выступала против золотого стандарта, отстаиваемого Австрийской экономической школой.

[221] А. Н. Филд, *«The Truth About The Slump»*, стр. 118.

[222] *«Сборник речей конгрессмена Луиса Т. Макфаддена»*, Omnia Publications, Хоторн, Калифорния, 1970 г., Глава XVI, «Предательское и недобросовестное поведение Федеральной резервной системы и банков Федеральной резервной системы», стр. 298–329.

Штатов и американский народ на сумму, достаточную для погашения государственного долга. Разрушительные действия и несправедливость Совета управляющих Федеральной резервной системы и Федеральных резервных банков, действующих сообща, стоили этой стране достаточно денег, чтобы многократно погасить государственный долг. Эта злобная институция обнищала и разорила народ Соединенных Штатов; обанкротила саму себя и практически обанкротила наше правительство. Она сделала это, воспользовавшись лазейками в законе, в соответствии с которым она действует, неправильным применением этого закона Советом управляющих и коррумпированными практиками богатых стервятников, которые его контролируют.

Некоторые считают, что банки Федеральной резервной системы являются учреждениями правительства Соединенных Штатов. Это не так. Они являются частными кредитными монополиями, которые грабят народ Соединенных Штатов в своих собственных интересах и в интересах своих иностранных клиентов: спекулянтов и мошенников, а также богатых хищных кредиторов. В этой мрачной клике финансовых пиратов есть люди, которые перерезали бы человеку горло, чтобы ограбить его; именно они наводняют штаты деньгами, чтобы покупать голоса и контролировать наше законодательство; и именно они поддерживают международную пропаганду, чтобы обманывать нас и заставлять нас идти на все новые уступки, которые позволят им скрыть свои прошлые злодеяния и увековечить свою гигантскую преступную организацию.

Эти 12 кредитных монополий были нечестно и обманным путем навязаны этой стране банкирами из Европы, которые отблагодарили нас за гостеприимство, саботируя наши американские институты. Эти банкиры использовали деньги этой страны для финансирования Японии в ее войне против России. Они создали в России режим террора с помощью наших денег, чтобы продлить эту войну; они были архитекторами отдельного мира между Германией и Россией, что посеяло раздор между союзниками во время Первой мировой войны. Они финансировали массовые митинги Троцкого в Нью-Йорке, чтобы сеять недовольство и бунт. Они оплатили поездку Троцкого из Нью-Йорка в

Россию, чтобы он мог принять участие в разрушении Российской империи. Они подстрекали и спровоцировали Русскую революцию и предоставили Троцкому значительные суммы в одном из отделений их шведского банка, чтобы через него полностью разрушить русские семьи и разлучить русских детей с их естественными опекунами. С тех пор они начали свою кампанию по разрушению американских семей и рассеянию американских детей.

Было заявлено, что президент Уилсон был обманут вниманием, которое уделяли ему эти банкиры, и филантропическими позициями, которые они занимали. Говорили, что, когда он обнаружил, как его ввел в заблуждение полковник Хаус, он расстался с этим вмешивающимся в дела других человеком, этим «святым монахом» финансовой империи, и показал ему на дверь. Он имел мужество сделать это, и, по моему мнению, проявил большую доблесть.

Президент Уилсон умер, став обманутой жертвой. Когда он вступил в должность президента, он обладал определенными качествами ума и сердца, которые позволили ему занимать высокие посты в этой стране; но он никогда не стремился стать банкиром. Он всегда говорил, что мало что знает о банковской системе. Именно по совету других при его администрации был принят закон о Федеральной резервной системе, ставший смертным приговором американской свободе.

Господин президент, не должно быть никакой пристрастности, когда речь идет о банковских и денежных делах этой страны, и я говорю это без малейшей пристрастности.

В 1912 году Национальная валютная ассоциация под председательством покойного сенатора Нельсона У. Олдрича представила отчет в рамках подготовки к закону, известному как Закон о Национальном резерве. Этот закон более известен как Закон Олдрича. Сенатор Олдрич не был автором Закона Олдрича. Он был инструментом, а не соучастником европейских [еврейских] банкиров, которые на протяжении почти 20 лет планировали создать центральный банк в этой стране и которые в 1912 году потратили и продолжали тратить огромные суммы денег для достижения своей цели.

Закон Олдрича был отменен после избрания Теодора Рузвельта в 1912 году, и в том же году, когда президентом стал Вудро Вильсон, Демократическая партия, в соответствии с резолюцией съезда в Билтморе, прямо заявила: «Мы выступаем против плана Олдрича по созданию центрального банка». » Все это является частью четкого и недвусмысленного заявления. Лидеры Демократической партии тогда пообещали народу, что, если они будут избраны на ответственные посты, центральный банк не будет создан, пока они будут держать бразды правления в своих руках. Тринадцать месяцев спустя это обещание было нарушено, и администрация Уилсона, под опекой тех зловещих фигур с Уолл-стрит, стоящих за полковником Хаусом, учредила в нашей свободной стране гнилое монархическое учреждение «банка короля», чтобы контролировать и порабощать нас от колыбели до могилы. Закон о Федеральной резервной системе разрушил наш исконный способ ведения дел; он дискриминирует наши векселя, основанные на имени ([223]), — самую передовую модель в мире; он восстановил древнюю двойную валюту ([224]), которая является нынешним проклятием этой страны и которая опустошила все страны, применившие ее на практике; он навязал этой стране ту самую тиранию, от которой отцы-основатели Конституции стремились нас уберечь.

Одна из величайших битв за сохранение этой Республики развернулась здесь же во времена Джексона, когда Второй Банк Соединенных Штатов, основанный на тех же ложных принципах, что и Закон о Федеральной резервной системе, был лишен возможности причинять вред. После падения Второго Банка Соединенных Штатов в 1837 году страна была предупреждена об опасностях, связанных с тем, что, отвергнув ранее интересы, движимые хищническими намерениями, мы позволяем им вернуться в замаскированном виде, давая им возможность связаться с исполнительной властью и через нее добиться контроля над правительством. Именно это и сделали те же самые интересы, когда они вернулись, прикрывшись

---

[223] Коммерческий договор или вексель, содержащий только одну подпись.

[224] Торговый договор, подписанный двумя лицами, подтверждающий их полную ответственность.

лицемерными намерениями, и под ложными предлогами добились принятия Закона о Федеральной резервной системе.

Опасность, о которой предупреждали страну, уже нависла над нами и представляет собой длинную череду ужасов, сопровождающих вероломные и нечестные дела Совета управляющих Федеральной резервной системы и ее аффилированных банков. Оглянитесь вокруг, когда выйдете из этого зала, и вы увидите доказательства этого повсюду. Эта эпоха экономических бедствий полностью лежит на совести Федеральной резервной системы. Это эпоха финансовых преступлений, и в финансировании этих преступлений Федеральная резервная система не играет роли беспристрастного наблюдателя.

Народ Соединенных Штатов подвергается серьезному обману. Если это не так, то я не знаю, что значит «обманывать людей». Они потеряли работу. Их лишили домов. Их выселили из арендованного жилья. Они потеряли своих детей. Их бросили на верную гибель из-за отсутствия крова, еды, одежды и лекарств.

Богатство Соединенных Штатов и их производительность были у них конфискованы, и все это либо лежит в хранилищах определенных банков и крупных корпораций, либо было вывезено за границу в интересах этих иностранных клиентов, банков и корпораций. Что касается американского народа, то чаша переполнилась. Правда, склады и угольные хранилища, а также зерновые силосы полны, но склады и силосы заперты на замки, а ключи от них находятся у крупных банков и корпораций.

Разграбление Соединенных Штатов Федеральной резервной системой и ее пособниками является величайшим преступлением в истории.

Господин президент, сегодня Палата представителей стоит перед серьезной ситуацией. Мы,, являемся представителями народа, а права народа у него отнимают. Через Федеральную резервную систему и ее аффилированные банки народ лишается прав, гарантированных ему Конституцией. Их имущество было конфисковано без какого-либо судебного разбирательства. Господин председатель, порядочность требует, чтобы мы проверили счета правительства с целью выявления

> преступлений против общественного блага, которые были или совершаются в настоящее время.
>
> Необходимо вернуться к Конституции Соединенных Штатов. Нам нужно полностью отделить банки от государства. Необходимо вновь вести ту извечную борьбу, которая велась здесь во времена Джексона. Необходимо восстановить независимость Казначейства Соединенных Штатов, и правительство должно хранить свои собственные деньги под замком в здании, предоставленном народом для этой цели. Мы должны избавиться от бумажных денег — инструмента мошенников.
>
> Правительство должно приобретать золото и выпускать валюту исключительно на основе имеющихся у него резервов. Управление делами должно быть возвращено независимым банкирам. Государственная банковская система должна быть свободна от любых препятствий. Округа Федеральной резервной системы должны быть упразднены, а границы штатов — соблюдаться. Банковские резервы должны храниться в пределах штата, граждане которого являются кредиторами, и эта резервная валюта народа должна быть защищена, чтобы международные банкиры не смогли ее захватить. Все торговые операции должны быть приостановлены на время, пока мы приводим в порядок наши финансовые дела. Закон о Федеральной резервной системе и банки Федеральной резервной системы, нарушившие свой устав, должны быть немедленно ликвидированы.
>
> Нелояльные государственные чиновники, нарушившие свои клятвы, должны быть отстранены от должности и привлечены к ответственности. Если этого не будет сделано, я предсказываю, что американский народ, возмущенный, ограбленный, опустошенный, оскорбленный и преданный на своей собственной земле, восстанет и в своем гневе пошлет сюда президента, который изгонит торговцев из храма». [Аплодисменты]

Из приведенной выше речи следует отметить, что опасения, высказанные Лейбористской партией Южной Африки в ходе дебатов по Закону о банковской и денежной системе Южной Африки, который «был разработан в США и служил не интересам народа, а интересам банков»,[225], были вполне оправданными. Тот факт, что наивные и невежественные законодатели позволили в 1920 году создать Центральный банк Южной Африки по образцу Федеральной резервной системы США, которую член Конгресса Макфадден охарактеризовал как «одной из самых коррумпированных и пагубных институций в мире», является глубоко прискорбным фактом и должен быть осужден в недвусмысленных выражениях.

Член Конгресса **Луис Томас Макфадден** был председателем Банковского и валютного комитета США (1920–1931). Его настойчивые разоблачения гигантской «преступной организации» Федеральной резервной системы привели к его убийству[1] октября 1936 года.

[225] *Cape Times*, 28 июля 1920 г.

Клиффорд Хью Дуглас

Клиффорд Хью Дуглас (1879–1952) был инженером, который, работая заместителем начальника на Королевском авиационном заводе в Фарнборо (Англия) во время Первой мировой войны, заметил, что общая стоимость продукции превышала суммы, выплачиваемые в виде заработной платы и дивидендов. Он решил изучить этот дисбаланс в том, как деньги циркулировали в промышленности, и, собрав данные сотен компаний, обнаружил, что существовал постоянный дефицит покупательной способности потребителей по отношению к общим затратам на производство. Он рассматривал подоходный налог как отрицательный дивиденд и предложил вместо него выплату национального дивиденда всем гражданам, который бы восполнил разрыв между доходами и ценами. Этот дивиденд обеспечил бы потребителям дополнительную покупательную способность, необходимую для поглощения всего текущего производства товаров без инфляции. Это является частью теоремы Дугласа A+B, а именно того, что цены всегда растут быстрее, чем генерируются доходы, так что общая сумма цен на все товары, циркулирующие в экономике на любом этапе, превышает общую покупательную способность потребителей. Экономическая теория Дугласа, известная как «Социальный кредит» ([226]), отстаивала передачу процесса создания денег от частных банков государственному банку, лишая последние привилегии создавать деньги из ничего в форме долга под проценты.

Он также предложил механизм корректировки, называемый «Справедливой ценой». Этот механизм позволил бы снижать цены на определенный процент в зависимости от последствий повышения эффективности производственного процесса, обусловленного технологическими усовершенствованиями. Таким образом, выгоды от технологий напрямую отражались бы на работниках и улучшали бы их условия жизни. Дуглас хорошо осознавал, что растущие технологические достижения сделают цель полной занятости недостижимой.

[226] В письме к Х. С. (Джиму) Эде от 5 апреля 1935 года Лоуренс Аравийский высказал свое мнение о кредитной схеме Дугласа в книге Мориса Колборна *«Экономический национализм»*: «Экономика подобна приливам и отливам. Мы не можем ею управлять, но она приливает и отливает. Нужно было бы составить ее карту, но никто не может разглядеть ее луну». *The Letters of T. E. Lawrence*, под редакцией Д. Гарнетта, Jonathan Cape, Лондон, 1938, стр. 866.

Отсюда его настойчивое требование выплаты национальных дивидендов, рассчитываемых путем добавления к минимальному доходу доли, эквивалентной росту национального производства и данных о потреблении.

После Первой мировой войны Дуглас посвятил остаток своей жизни продвижению своих идей и читал лекции во многих странах, включая Австралию, Канаду, Японию, Новую Зеландию и Норвегию. Он добился двух заметных успехов:

(i) Партия социального кредита получила контроль над провинциальным правительством Альберты в Канаде в 1935 году.

(ii) После лекционного турне по Японии в 1929 году его решения были приняты японским правительством в 1935 году.

Предложения Дугласа вызывали сильное беспокойство у международных банкиров, и в 1930-х годах они выделили значительную сумму в 5 миллионов фунтов стерлингов[227], чтобы противостоять его весьма успешной программе просвещения масс. Дуглас испытывал лишь презрение к центральным банкирам, и однажды, выступая с речью в Ньюкасл-апон-Тайне в 1937 году, он назвал Банк Англии «психиатрической лечебницей».[228]

[227] По данным калькулятора инфляции Банка Англии, 5 миллионов фунтов стерлингов в 2012 году соответствовали 301 миллиону фунтов стерлингов.

[228] С. Н. Дуглас, *«Безопасность институциональная и личная»*, речь, произнесенная в мэрии Ньюкасл-апон-Тайн 9 марта 1937 г., стр. 6. Эзра Паунд, выступая на Радио Рим[1]июня 1943 г., назвал Банк Англии *«канализацией Англии»*.

Сертификат процветания, выпущенный Партией социального кредита, Альберта, 1936 г.

Клиффорд Хью Дуглас. Его предложения по социальному кредиту и государственной банковской системе были приняты правительством провинции Альберта в Канаде и правительством Японской империи.

Ирвинг Нортон Фишер

Ирвинг Фишер (1867–1947) был известным профессором экономики Йельского университета, который применял математический подход к решению экономических проблем. Он известен своей теорией полезности, которая сопоставляет измеримость утилитарной функции с теорией спроса. В своем трактате *«Теория процента»* он наблюдал за изменениями относительной стоимости товаров в зависимости от колебаний процентных ставок во времени. Это стало основой количественной теории денег. На протяжении всей своей жизни он был активным участником евгенического движения.

В марте 1913 года сенатор Роберт Л. Оуэн, председатель Банковского комитета Сената, попытался принять альтернативный закон, чтобы противостоять банковским и денежно-кредитным предложениям мошеннического тандема Ротшильд/Рокфеллер.[229] Закон позволил бы включить товары первой необходимости в денежную базу в дополнение к золоту и серебру и тем самым предотвратил бы возможность инфляции и дефляции, создав настоящую свободу на рынке труда. Ирвинг Фишер помогал Оуэну в составлении этого законопроекта, но впоследствии подвергся шантажу, чтобы отозвать свою поддержку.

Этот показательный абзац взят из книги Эммануэля Джозефсона *«Заговор Федеральной резервной системы и Рокфеллеры: их золотой угол»* и прекрасно описывает то, что произошло в результате:

> «Заговорщики были полны решимости помешать вынесению на рассмотрение законопроекта Оуэна. Они вызвали профессора Фишера на встречу с руководством Йеля и устроили ему допрос, назвав «бессмысленным» его аргумент о том, что валюта должна быть обеспечена и гарантирована эквивалентным запасом сырья, отличным от золота. Сенатор Оуэн рассказывает, что Фишеру дали понять, что в Йеле, да и в любом другом университете, больше не найдется места для кого-то столь «безумного».

[229] Рокфеллеры — потомки немецких иммигрантов, возможно евреев, которые в средневековье писали свою фамилию как Роггенфельдер; поскольку евреи не считались полноправными гражданами, немецкие князья заставляли их добавлять к фамилиям суффикс, обозначающий неодушевленный предмет. Отсюда –berg (гора), -stein (камень) и т. д.

Профессор Фишер прекрасно понимал, кто его кормит, и, к сожалению, был столь же лишен принципов, как и множество «профессоров», проституирующихся перед заговорщиками и их фондами. Он поддался их шантажу и предал сенатора Оуэна, отказавшись от своей профессорской поддержки этого закона, представлявшего собой честное средство, в разработке которого он сам участвовал. Вместо этого профессор Фишер выступил в поддержку того, что он насмешливо называл долларом «сырьевым», стоимость которого должна была определяться «золотым индексом», что должно было привести к стабилизации экономики, придав стоимости сырья, золота и доллара спекулятивную основу, которая в десять раз усилила бы способность заговорщиков манипулировать или «управлять» экономикой, чтобы им было легче обманывать нацию. «*Смертельный удар*[230] по законопроекту сенатора Оуэна о денежной системе нанес президент Уилсон, когда он категорически отклонил его».[231]

Чикагский план 1933 года профессора **Ирвинга Фишера**, предлагавший банковскую систему полного резервирования, был одобрен исследователями Международного валютного фонда в 2012 году.

В 1920 году, после того как он сдался и предал усилия сенатора Оуэна по реформированию банковского и валютного законодательства, Фишер опубликовал работу под названием

[230] Прим. переводчика: в тексте на французском языке.

[231] Э. М. Джозефсон, *«Заговор Федеральной резервной системы и Рокфеллеры, их «золотой угол»*, Chedney Press, Нью-Йорк, 1968, стр. 51.

«Стабилизация доллара» (Dollar Stabilisation),[232], содержащую то, что впоследствии стало «Чикагским планом».[233] План был опубликован в частном порядке в виде шестистраничного меморандума и распространен среди 40 человек 16 марта 1933 года. Он утверждал, что государство должно взять на себя создание денежной массы, а частные банки должны функционировать как полноценные резервные банки. Используя математические принципы, Фишер сумел доказать, что это приведет к полной занятости, экономические циклы также будут устранены, а инфляция снизится и останется на нулевом уровне.

В августе 2012 года два исследователя из Международного валютного фонда, Яромир Бенес и Майкл Кумхофф, представили *работу «The Chicago Plan Revisited» («Чикагский план: переосмысление»).* Они пришли к выводу, что каждый из аргументов Фишера был на 100 % верным. Вот их заключение:

> «В данном исследовании пересматривается Чикагский план — предложение о коренной денежно-кредитной реформе, которое поддерживалось многими выдающимися экономистами США в самые критические моменты Великой депрессии. Фишер (1936) в своём блестящем изложении Чикагского плана утверждал, что он имеет четыре основных преимущества, начиная от большей макроэкономической стабильности и заканчивая гораздо более низким уровнем задолженности во всей экономике. В данном исследовании нам удалось тщательно оценить его аргументы, применив положения Чикагского плана к передовой монетарной модели типа DSGE ([234]), содержащей в миниатюре идеально откалиброванную и микрофинансируемую модель современной американской финансовой системы. Основная особенность этой модели заключается в том, что денежная масса, циркулирующая в экономике, создается банками посредством долга, а не создается правительством без долга.

[232] А. Н. Филд, указ. соч., с. 169.

[233] Фишер знал о преимуществах публично эмитируемой валюты без долга и процентов на местном уровне в Европе. В *книге «Stamp Scrip»*, Adelphi Publishers, Нью-Йорк, 1933, он посвятил главу IV первому зарубежному эксперименту: Сильвио Гезеллю. Гезель ввел бумажные деньги Wara (*Ware und Währung* – Товары и Валюта) в переживавший кризис угольный город Шваненкирхен в Баварии. В главе V: «Внезапное распространение «сертификатов» он описывает, как сертификаты превратили переживавший кризис город Вёргль в Австрии в центр процветания.

[234] Динамическое стохастическое общее равновесие.

Анализ и результаты нашего моделирования полностью подтверждают утверждения Фишера (1936). Чикагский план мог бы значительно снизить волатильность экономических циклов, вызванную быстрой сменой позиции банков в отношении кредитного риска, устранил бы вероятность банковских паник и привел бы к мгновенному снижению уровня государственного и частного долга. Он осуществил бы это сокращение, вернув государству его эмиссионные полномочия, которые справедливо представляют общее благо, а не долг, поскольку последний стал основным активом экономики, в то время как банки сосредоточивают свои усилия на расширении кредитования инвестиционных проектов, требующих надзора и экспертизы рисков. Мы считаем, что преимущества Чикагского плана выходят даже за рамки позиций, отстаиваемых Фишером.

Одно из многих дополнительных преимуществ заключается в росте производительности, вызванном устранением или сокращением множества факторов искажения, а именно: процентных ставок, премий за риск, конфискационных налогов и столь же дорогостоящего, сколь и бесполезного мониторинга макроэкономических рисков. Еще одно преимущество вытекает из способности поддерживать инфляцию на уровне, близком к нулю, в условиях, когда блокировка ликвидности отсутствует, а монетаризм становится осуществимым и желательным, поскольку правительство полностью контролирует денежные агрегаты. Эта способность генерировать и поддерживать нулевую инфляцию является результатом первостепенной важности, поскольку она дает ответ на все довольно запутанные утверждения противников исключительной монополии правительства на эмиссию денег, которые утверждают, что такая система будет в значительной степени инфляционной. В нашем теоретическом анализе нет ничего, что могло бы подтвердить этот аргумент. И, как упоминалось в разделе II, во всей денежной истории древних обществ западных наций также нет ничего, что могло бы его подтвердить».[235]

[235] Работы МВФ, август 2012 г. https://www.imf.org/external/pubs/ft/wp/2012/wp12202.pdf

ГЛАВА VI

Возникновение и падение государственной банковской системы (1932–1945)

«Вам известно, что золотой стандарт привел к разорению государств, которые его приняли, поскольку он никогда не был способен удовлетворить их денежные потребности, учитывая, что мы изъяли золото из обращения в максимально возможной степени».

- Протокол № 20[236]

«Затем я утверждал, что золотой стандарт, фиксация обменных курсов и так далее — это не что иное, как бессмысленная болтовня, которую я никогда не считал и никогда не буду считать незыблемыми экономическими принципами. Деньги для меня были просто средством обмена за проделанную работу, и их стоимость полностью зависела от стоимости проделанной работы. Там, где деньги не представляли собой оказанную услугу, я настаивал на том, что они не имели никакой ценности».

- Адольф Гитлер[237]

Рейхсбанк: Государственный банк национал-социалистической Германии

Из мирового хаоса и экономических разрушений 1930-х годов, которые были вызваны центральными банками, контролируемыми Ротшильдами, возникли три феникса.

В мае 1919 года рядовой солдат посетил лекцию, прочитанную бывшим инженером-строителем, ставшим экономистом, доктором Готфридом Федером (1883–1941), под названием («Манифест о разрыве цепей ростовщичества»).[238]

---

[236] *«Протоколы сионских мудрецов»*, перевод с русского Виктора Э. Марсдена, бывшего корреспондента газеты *«The Morning Post»* в России, Лондон, 1934 г., стр. 214. (Виктор Марсден был пресс-секретарем Его Королевского Высочества Принца Уэльского во время его поездки по Империи в 1920 году.)

[237] *Hitler's Table Talk*, составленные М. Борманом, Ostera Publications, 2012, стр. 311.

[238] В 1917 году Федер создал организацию под названием *«Deutscher Kampfbund gegen Zinsknechtschaft»* (Немецкий боевой союз за отмену робства ростовщичества). В 1919 году он опубликовал свой манифест в главе под названием

Целью этой серии лекций было дать солдатам начальные знания по политике и экономике, которые позволили бы им следить за многочисленными революционными политическими движениями, действовавшими в Мюнхене в то время. Следующие цитаты из *«Mein Kampf»* и «[239] » показывают решающее влияние, которое Федер оказал на идеи Адольфа Гитлера.

> «Впервые в жизни я услышал речь, посвященную принципам биржевой торговли и капиталу, используемому в кредитной деятельности. После прослушивания первой лекции Федера у меня сразу же возникла мысль, что я только что нашел одно из самых элементарных необходимых условий для создания новой партии.
>
> «На мой взгляд, заслуга Федера заключалась в его резком и беспощадном описании двойственного характера биржевого капитала и сделок, связанных с займами, обнажая тот факт, что этот капитал по-прежнему зависит от выплаты процентов. По фундаментальным вопросам его высказывания были настолько полны здравого смысла, что те, кто его критиковал, *в сущности* никогда не отрицали[240], что его идеи разумны, но сомневались в возможности их реализации. Для меня это казалось самым убедительным элементом учений Федера, хотя другие считали это его слабостью».[241]

А также:

> «Я сразу понял, что эти принципы таят в себе истину, имеющую трансцендентальное значение для будущего немецкого народа. Абсолютное отделение биржевого капитала от экономической жизни нации позволило бы противостоять процессу интернационализации немецкой торговли, не нанося при этом ущерба капиталу как таковому, ибо это лишь подорвало бы основы нашей национальной независимости. Я ясно различал то, что развивалось в Германии, и тогда понял, что борьба, которую нам предстояло вести, была направлена не против

«An Alle, Alle!» Das Manifest zur Brechung der Zinsknechtschaft (Всем, всем! Манифест об отмене робства ростовщичества) в своей книге *«Kampf gegen die Hochfinanz»* (Борьба с высокими финансами).

[239] А. Гитлер, *«Mein Kampf»*, 1939, с. 122.

[240] Прим. переводчика: в тексте на французском языке.

[241] Там же, с. 124.

вражеских наций, а против международного капитала. В речи Федера я нашел призыв к борьбе, которая нас ожидала».[242]

Готфрид Федер (1883–1941), разработавший всю финансовую политику НСДАП. Позже он попал в немилость у Гитлера за отсутствие поддержки его плана по использованию синтетического топлива вместо угля.

Через несколько недель Гитлер получил от своих военных начальников указание провести расследование в отношении политической организации под названием «Немецкая рабочая партия» (*Deutsche Arbeiterpartei*). На этом публичном собрании, которое состоялось 19 сентября 1919 года в мюнхенской гостинице «Штернекербрау», присутствовало около 20–25 человек. Основным докладчиком был Готфрид Федер. Вскоре после этого Гитлер вступил в эту партию и получил временное

[242] Там же, с. 124.

членское удостоверение под номером семь. Его первой инициативой после захвата контроля над партией стало ее переименование *в* Национал-социалистическую немецкую рабочую партию (Nationalsozialistische *Deutsche* Arbeiterpartei).

Федер, который был главным составителем 25 основополагающих принципов партии, стал архитектором и теоретиком ее программы. В июле 1933 года он был назначен заместителем государственного секретаря по экономическим вопросам, а в 1934 году — *рейхскомиссаром.*

Германская **гиперинфляция** – Рабочие получают зарплату в корзинах для белья в 1923 году.

Валютная реформа была квинтэссенцией национал-социализма, как показывают следующие выдержки из (*«Программа НСДАП, Национал-социалистической партии немецких рабочих и ее общие концепции»)*[243], опубликованной в Мюнхене в 1932 году.

Адольф Гитлер напечатал свои две основные цели крупным шрифтом:

«Общий интерес превыше всего – Дух программы Отмена рабства процентов – Сердце национал-социализма».

[243] Г. Федер, *«Программа НСДАП», «Национал-социалистическая немецкая рабочая партия и ее общие концепции»*, Мюнхен, 1932, с. 51.

«Как только эти два принципа будут воплощены в жизнь, они продемонстрируют победоносный характер своего всеобщего содержания, упорядочивающего общество и устраняющего нынешнее разделение государства, нации и экономики, сложившееся под разлагающим влиянием господствующих индивидуалистических теорий. Сегодня царит обман. Трудящиеся классы угнетаются, а мошеннические доходы банкиров и спекулянтов защищаются, что позволяет безответственно обогащаться в ущерб любой политической стабильности, любой возвышенной мысли в народе и при полном отсутствии каких-либо высших моральных связей и чувства единства. Власть денег, самая безжалостная из всех властей, обладает абсолютным контролем и оказывает разлагающее и разрушительное влияние на государство, нацию, общество, нравственность, культурную сферу и на все вопросы нравов, которые сложнее оценить.[244]

«Разрушить рабство ростовщических процентов — вот наш боевой клич» ([245] Что мы понимаем под рабством ростовщичества? Под этим игом находится землевладелец, который вынужден прибегать к займам для финансирования своего сельскохозяйственного производства — займам с настолько высокой процентной ставкой, что она поглощает практически весь плод его труда, или который вынужден влезать в долги и тащить за собой ипотеки, словно невидимые поводья. То же самое касается рабочего, производящего в цехах и на фабриках за гроши, в то время как акционер получает дивиденды и бонусы, за которые ему не пришлось работать. Так обстоит дело со средним классом, плоды труда которого почти полностью идут на оплату процентов по банковским кредитам.[246]

«Иго процентов — это истинное выражение антагонизмов: капитал/труд, кровь/деньги, творческий труд/эксплуатация. Необходимость сломать это иго имеет такое огромное значение для нашей нации и нашей расы, что на ней одной и лежит надежда нации избавиться от позора и рабства; фактически, надежда обрести счастье, процветание и цивилизацию во всем мире. Это та ось,

[244] Там же, с. 21.
[245] Там же, с. 25.
[246] Там же, с. 26.

вокруг которой все вращается; речь идет о гораздо большем, чем просто необходимость, вытекающая из финансовой политики. Хотя его принципы и последствия глубоко вовлечены в экономическую и политическую жизнь, это вопрос первостепенной важности для любого экономического исследования, и он затрагивает каждого человека и, следовательно, требует от каждого из них принятия решения: служить нации или обогащаться без ограничений. Он представляет собой решение Социального вопроса.[247]

Наш финансовый принцип: финансы должны служить интересам государства; финансовые магнаты не должны создавать государство в государстве. Отсюда наша цель — разорвать цепи ростовщичества.

Освободить государство, а значит и всю нацию, от задолженности перед крупными финансовыми домами, которые выдают ссуды под проценты.

Национализация Рейхсбанка и эмиссионных банков, выдающих ссуды под проценты.

Предоставление необходимых средств для крупных государственных проектов (гидроэнергетика, железные дороги и т. д.) не посредством заимствований, а путем выпуска казначейских облигаций без процентов и без использования наличных денег.

Введение фиксированного денежного стандарта на стабильной основе.

Создание национального коммерческого банка (денежно-кредитная реформа) для предоставления беспроцентных ссуд.

Коренная перестройка налоговой системы на основе социально-экономических принципов. Освобождение потребителя от бремени косвенного налогообложения, а производителя — от парализующего и конфискационного налогообложения (реформа и налоговые льготы).[248]

Безответственная печать банкнот без создания новой добавленной стоимости ведет к инфляции. Мы все

[247] Там же, с. 27.
[248] Там же, с. 30.

> страдаем от нее. Но правильный вывод заключается в том, что выпуск государством беспроцентных казначейских облигаций не может вызвать инфляцию, если одновременно создается новая добавленная стоимость.
>
> Тот факт, что сегодня крупные предприятия не могут встать на ноги без привлечения заемных средств, — это чистейшее безумие. Именно здесь разумное использование суверенного права на чеканку монеты может принести наибольшую пользу».[249]

30 января 1933 года национал-социалисты были выведены к власти[250] посредством коалиции между *Regierung der Nationalen Konzentration* (Правительство национальной концентрации) и *Deutschnationale Volkspartei* (Национально- ская народная партия Германии). Была введена довольно смягченная версия денежной реформы. Для финансирования государственных работ и программ перевооружения были созданы две фиктивные компании под названием *Gesellschaft für Offentliche Arbeiten* (Offa) и *Metallforschung Gesellschaft* (Mefo). Эти корпорации принимали векселя от поставщиков, выполнявших государственные заказы. Эти векселя затем дисконтировались в Рейхсбанке по ставке 4%. Они выпускались только на три месяца, что было явно недостаточно с учетом долгосрочного характера различных проектов, которые они финансировали. Однако их можно было продлевать по три раза в месяц на срок до пяти лет.

В январе 1939 года ситуация обострилась, когда президент Рейхсбанка Хьялмар Шахт отказался продлевать векселя Offa и Mefo на сумму в три миллиарда, опасаясь тем самым вызвать «инфляцию». 7 января 1939 года Шахт направил Гитлеру меморандум, подписанный им самим и восемью другими членами правления Рейхсбанка, содержавший следующие основные положения:

1) Рейх должен тратить только ту сумму, которая покрывается налогами.

2) Полный финансовый контроль должен быть возвращен

---

[249] Там же, с. 43.

[250] На выборах 6 ноября 1932 года национал-социалисты получили 11 737 398 голосов, или 33,1%. На выборах 5 марта 1933 года число голосов, отданных за НСДАП, выросло до 17 277 180, или 43,9% голосов избирателей. На выборах 12 ноября 1933 года, прошедших в форме референдума, НСДАП набрала 39 655 224 голоса, или 92,1 % от общего числа голосов при явке 95,3 %.

Министерству финансов (которое в то время было вынуждено оплачивать все военные расходы).

3) Должен быть введен эффективный контроль над ценами и заработной платой. Нынешнее неэффективное управление должно прекратиться.

4) Использование денежного и инвестиционного рынка должно оставаться исключительной прерогативой Рейхсбанка. (Это означало практическую ликвидацию Четырехлетнего плана Геринга.)[251]

Шахт завершает свой меморандум неоднозначными словами: «Мы были бы рады как можно лучше сотрудничать с по всем будущим задачам, но сейчас настало время остановиться».[252]

Прибегая к этим мерам, Шахт намеревался обрушить немецкую экономику,[253] которая в период 1933–1939 годов увеличила свой валовой внутренний продукт на 100 процентов. Из страны, находившейся в руинах в январе 1933 года с 7 500 000 безработных,[254] Гитлер превратил Германию в современный социалистический рай. Он был по праву разгневан и отверг рекомендации Рейхсбанка, назвав их «мятежом».[255] Две недели спустя Шахт был уволен. Роджер Эллетсон описывает этот памятный момент: «19 января 1939 года Шахт был уволен без предварительного уведомления, а Рейхсбанку было приказано предоставить Рейху все кредиты, запрошенные Гитлером. Этот решительный шаг одним махом лишил Рейхсбанк контроля над национальной денежно-кредитной политикой и подкосил основу власти международного еврейства в Германии. Еврейские банкиры только что лишились возможности девальвировать и разрушать немецкую экономику.

[251] E. N. Peterson, *Hjalmar Schacht: for and against Hitler: A political-economic study of Germany, 1923-1945*, The Christopher Publishing House, Boston, 1954, p. 179.
[252] Дж. Вайц, *«Банкир Гитлера Хьялмар Хорас Грили Шахт»*, Little, Brown and Company, Лондон, 1999, с. 17.
[253] Там же, с. 343. Указание на то, кому на самом деле была верна лояльность Шахта, проявилось во время его похорон через несколько дней после его смерти в возрасте 93 лет, 4 июня 1970 года. На одном из венков на его гробе была прикреплена карточка с надписью: «Товарищу по тяжелым дням — Фонд 20 июля». Члены этой организации безуспешно пытались убить Гитлера 20 июля 1944 года.
[254] Из 7 500 000 безработных 5 575 492 были зарегистрированы в качестве безработных, а еще 4 000 000 работали неполный рабочий день. *Статистический ежегодник Лиги Наций*, 1940, Женева, стр. 70. См. также Б. Р. Митчелл, «Международные исторические исследования: Европа 1750–1993», 4-е изд.
[255] Д. Марш, *«Бундесбанк: банк, управляющий Европой»*, William Heinemann Ltd, Лондон, 1992, с. 119.

Помимо последствий выплаты процентов по векселям Mefo, Германия теперь могла считать себя функционирующей полностью в рамках «системы Федера», а не «системы Шахта». Рейхсбанк стал эффективным орудием правительства, единственным изменением было то, что векселя теперь монетизировались, или погашались, под эгидой государства, а не еврейским лакеем, занимавшим пост президента Рейхсбанка.[256] Таким образом, в январе 1939 года Рейхсбанк стал подлинным государственным банком. Отставка Шахта также положила конец передаче конфиденциальной информации о всех экономических событиях в Германии,[257] которая непрерывно предоставлялась Монтагу Норману,[258] брату-масону и управляющему Банком Англии (1920–1944).

Новый закон о Рейхсбанке, принятый 15 июня 1939 года, сделал банк **«безусловно подчиненным суверенитету государства».**[259]

Статья 3 гласила, что банк, переименованный в *Deutsche Reichsbank*, должен «руководиться и управляться по указаниям и под надзором Фюрера и канцлера Рейха». »[260] Гитлер теперь был своим собственным банкиром, но, отстранившись от международных мошенников и ростовщиков, он должен был, как и Наполеон Бонапарт, который в 1800 году учредил Банк Франции как государственный банк, постигнуть та же участь; последовала бессмысленная война, приведшая к гибели его

[256] Р. Э. Эллетсон, «*Монетарная параметрика: исследование на примере Третьего рейха*», Christian International Publications, Уилсон, Вайоминг, 1982, с. 57.

[257] Д. Ирвинг, «*Путь войны: Германия Гитлера 1933–1939*», Macmillan, Лондон, 1978, с. 172. Примечание: «Монтагу Норман, управляющий Банком Англии, заявил американскому послу Джозефу Кеннеди, что Шахт в течение 16 лет был его постоянным информатором по вопросам неустойчивого финансового положения Германии (посол Джозеф Кеннеди доложил об этом в Вашингтон 27 февраля 1939 года). В 1946 году Норман попытался заступиться за Шахта в Нюрнберге через своего британского брата-масона из команды обвинителя, Гарри Филлимора (Шахт тоже был масоном). Американская команда категорически отвергла попытки Филлимора, но английский судья Биркетт вынес оправдательный приговор. » См. также Д. Ирвинг, «*Нюрнберг: последняя битва*», Focal publishers, Лондон, 1996, с. 271–272. Монтегю Норман был также крестным отцом младшего правнука Шахта, Нормана. См. визит г-на Нормана в Берлин, *The Glasgow Herald*, 5 января 1939 г., за два дня до того, как Шахт отправил Гитлеру свой дерзкий меморандум.

[258] Монтагу Норман был скрытным человеком, который предпочитал передвигаться в стиле «плаща и меча» и однажды даже был замечен, вылезающим из грузового люка грузового судна. Помимо использования уже упомянутого псевдонима «профессор Скиннер», он иногда использовал свое второе имя Коллет в качестве фамилии.

[259] Д. Марш, указ. соч., с. 128.

[260] Там же, примечание 40, с. 300.

народа и страны. Именно это событие стало причиной Второй мировой войны — Ротшильды поняли, что повсеместное внедрение немецкой системы государственного банкирования без ростовщичества навсегда разрушит их злобную финансовую империю. Чтобы предоставить полякам карт-бланш, что должно было позволить им противостоять и провоцировать немцев, 31 марта 1939 года Великобритания сделала обманчивое и бесполезное предложение[261] с целью гарантировать суверенитет Польши.

«Вильгельм Густлофф» (24 484 брутто-регистровых тонн), названный в честь лидера швейцарских национал-социалистов. В рамках программы «*Kraft durch Freude*» («Сила через радость») немецкие рабочие, зарабатывавшие менее 300 марок в месяц, могли позволить себе отправиться в круизы по экзотическим направлениям. Однако этим круизным судам был запрещен вход в британские порты из-за опасений вызвать беспорядки и зависть среди бедных и безработных британских рабочих.

[261] Это был бланковый чек, который с большой вероятностью был бы отклонен, поскольку Англия была готова прийти на помощь Польше только в случае немецкого вторжения в Польшу или польского вторжения в Германию, но ни в коем случае, если речь шла о Советском Союзе. Поляки не осознавали эту возможность. В итоге Советский Союз аннексировал гораздо большую часть Польши, а именно 77 300 квадратных миль, по сравнению с 49 800 квадратными милями, возвращенными Германии. Государственный секретарь Эрнст фон Вайцзекер, цитируемый Д. Л. Хогганом, *The Forced War: When Peaceful Revision Failed*, Institute for Historical Review, Коста-Меса, Калифорния, 1989, с. 391, с презрением описывает: «Британская гарантия Польше была подобна тому, как дать сахар маленькому ребенку, оставленному на произвол судьбы!»

Интерьер «Вильгельма Густлоффа»

В сентябре 1939 года протяженность **Рейхсаутобан** составляла 3 862 км. Она была спроектирована не столько с эстетической точки зрения, сколько с практической целью — предоставить автомобилисту захватывающий вид на пейзажи.

В течение следующих пяти месяцев польское правительство постепенно усилило репрессии, преследования и нападения на 1,5 миллиона немцев, проживавших в Польше. Эти нападения,[262] в ходе которых 58 000 немецких граждан были убиты поляками

[262] Д. Л. Хогган, указ. соч., гл. 16, *«Терроризированные немцы в Польше»*, с. 388–390, и беспорядки в Лодзи, с. 391–392. Хогган также заявляет, что: «… у хорошо информированных людей того времени [1939 г.] не оставалось никаких сомнений в том, что немцам в Польше ежедневно причинялись ужасные зверства», с. 554.

в приступах внезапной жестокости, достигли кульминации в Бромбергской резне 3 сентября 1939 года, унесшей жизни 5 500 человек. Изначально эти провокации и зверства игнорировались со стоическим спокойствием. В конце концов, Гитлер был вынужден прибегнуть к военному вмешательству, чтобы защитить немцев в Польше. 30 августа 1939 года, проявив себя как настоящий государственный деятель, Гитлер вновь представил польскому правительству предложения Мариенвердера.[263]

Четыре основных предложения были следующими:

(i) Сохранение существующих границ, определенных Версальским договором.

(ii) Возвращение в Германию населения Данцига (370 000 человек), на 97 % состоящего из немцев.

(iii) Строительство автомагистрали протяженностью 96 км и железнодорожной линии, соединяющей Западную и Восточную Пруссию, от Шёнланке до Мариенвердера.

(iv) Обмен населением между немцами и поляками.

По приказу международных банкиров министр иностранных дел Великобритании лорд Галифакс настоятельно рекомендовал польскому правительству не вступать в переговоры.[264] Именно так началась Вторая мировая война, что развенчивает миф о вине Германии. Начиная с 1939 года, несмотря на то, что Германия предприняла по крайней мере 28 известных попыток заключить мир без условий, все они были отклонены. Последовавшая за этим навязанная война завершилась победой международных финансистов и поражением и порабощением народов Европы и, по сути, всего мира. В Европе это порабощение было окончательно завершено с созданием контролируемого Ротшильдом Европейского центрального банка[1]июня 1998 года и введением *евро*[1]января 1999 года.

---

[263] *«Das letzte Angebot in Verheimlichte Dokumente – Was den Deutschen verschwiegen wird»* (Последнее предложение в секретных документах — то, что скрывают от немцев), Fz-Verlag, Мюнхен, 1993, с. 172–174. В ней приведены все 16 пунктов.

[264] Д. Х. Хогган, указ. соч., с. 565–569.

Достижения государственной банковской системы Германии

Одним из первых благотворных результатов, которые государственная банковская система и денежная реформа принесли немецкому народу, стало обеспечение его надлежащим жильем. В период с 1933 по 1937 год было построено 1 458 178 новых домов, отвечающих самым передовым стандартам того времени.[265] Каждый дом должен был быть не выше двух этажей и иметь сад. Строительство многоквартирных домов не поощрялось, а арендная плата за жилье не могла превышать 25 марок в месяц, что составляло 1/8 среднего дохода рабочего. Работники с более высокими зарплатами платили максимум 45 марок в месяц.

Молодым парам предоставлялись беспроцентные ссуды на сумму до 1000 ринггитов (эквивалент пятимесячной зарплаты), известные как *Ehestanddarlehen* (брачные ссуды). Кредит подлежал погашению под 1% в месяц, но за каждого родившегося ребенка 25% суммы кредита списывались. Таким образом, если в семье было четверо детей, кредит считался полностью погашенным. Тот же принцип применялся к ипотечным кредитам, которые выдавались на срок до десяти лет под очень низкий процент. Рождение каждого ребенка также приводило к списанию 25% суммы кредита.[266] Школьное образование, техникумы и университеты были бесплатными, а система всеобщего здравоохранения обеспечивала бесплатную медицинскую помощь для всех.[267]

---

[265] В период с 1932 по 1938 год индекс завершенного строительства взлетел на 163,2%, увеличившись с 38 до 100.

[266] С. М. Гудсон, *«Иллюстрированное руководство по Адольфу Гитлеру и Третьему рейху»*, Вашингтон, округ Колумбия, The Barnes Review, 2009, с. 15.

[267] Система финансировалась за счет небольшого взноса, удерживаемого из заработной платы работников и перечисляемого в *Allgemeine Ortskrankenkasse* (Общий местный фонд здравоохранения).

Автомобиль для народа — **Адольф Гитлер** посещает завод «Фольксваген» в Вольфсбурге, 1938 год. Новым населенным пунктом было предложено назвать Хитлерштадт, но Гитлер возразил, что предпочитает вместо этого использовать свой псевдоним Вольф.

В период 1933–1937 годов импорт вырос на 31 %, увеличившись с 4,2 млрд RM до 5,5 млрд RM, в то время как экспорт, особенно в Юго-Восточную Европу, взлетел на 20,4 %, увеличившись с 4,9 млрд RM до 5,9 млрд RM. Этот рост торговли иллюстрируется увеличением на 76,9 % внутреннего судоходства, объем перевозок которого вырос с 73,5 до 130 млн тонн, и увеличением на 69,4 % морского судоходства, объем перевозок которого вырос с 36 до 61 млн тонн. На протяжении всего этого периода торговля значительно улучшилась за счет бартера, позволявшего обойти систему международных платежей и требование уплаты комиссий и процентов по векселям. К концу 1930-х годов 50 % всего внешнеторгового оборота осуществлялось посредством сделок, основанных на бартере. В тот же период расходы на дорожную инфраструктуру, и в частности на Рейхсаутобан, 3 862 км которого были завершены в сентябре 1939 года, выросли на 229,5%, с 440 млн. рейхсмарок до 1,45 млрд. рейхсмарок. Строительство этой гигантской автомагистрали, помимо ее символического значения, было необходимо для обслуживания растущего числа транспортных средств, количество которых увеличилось на 425%, с 41 000 до 216 000 зарегистрированных автомобилей, а также для того, чтобы справиться с еще более впечатляющим ростом на 622% числа легковых автомобилей, число которых увеличилось с 7 000 до 50 600.

В период с 1932 по 1938 год добыча железной руды увеличилась на 45,4%, с 843 000 до 1 226 000 тонн. Немецкая руда содержала всего 25% железа, в отличие от шведской руды с более высоким содержанием железа, которую Германия не имела средств приобрести. Эта трудность была преодолена благодаря процессу Круппа-Ренна, позволявшему производить сталь высокого качества. В период с 1932 по 1939 год индекс добычи угля вырос на 85,5%, с 69 до 128, в то время как энергетический индекс за тот же период увеличился на 76%, с 75 до 132.[268]

Эта постоянно растущая экономическая активность привела к снижению уровня безработицы, который в 1933 году достиг 30,1%, почти до нуля в июле 1939 года ([269]), так что пенсионеров пришлось вновь побуждать вернуться к трудовой деятельности, чтобы восполнить нехватку рабочей силы. Напротив, уровень безработицы в США, достигший 25,1% в 1933 году, по данным Национального промышленного конференционного совета, снизился лишь незначительно, достигнув 19,8% в январе 1940 года;[270] ситуация, которую следует отнести на счет иррациональной, но тем не менее сознательной политики Федеральной резервной системы, контролируемой Ротшильдами, и паразитирующего частного банковского сектора.

Национальный доход Германии вырос на 43,8% с 45,2 млрд. рейхсмарок до 65 млрд. рейхсмарок в период с 1932 по 1937 год, в то время как с 1932 по июнь 1939 года индекс производства товаров вырос на 219,6%, с 46 до 147;[271] однако стоимость жизни выросла лишь на 4%, то есть менее чем на 1% в год, и этот темп сохранялся на протяжении всех 12 лет существования государственной банковской системы при национал-социализме. Немецкая денежно-кредитная политика «была неинфляционной благодаря государственным расходам, которые увеличивали спрос, что, в свою очередь, могло вызвать постоянное увеличение количества доступных товаров».[272]

К 1939 году Германия стала самой могущественной страной в истории Европы. Ее валовой внутренний продукт рос на 11% в год и удвоился за шесть лет существования государственной

---

[268] *Статистический ежегодник Лиги Наций*, указ. соч., с. 169. Показатели производства были предоставлены *Konjunkturforschung* на основе данных за 1928 год.

[269] В июле 1939 года на учете в качестве безработных состояли 38 379 человек.

[270] *Статистический ежегодник Лиги Наций*, указ. соч., с. 70.

[271] Там же, с. 169.

[272] Р. Э. Эллетсон, указ. соч., с. 60.

банковской системы. Немцы были теперь самым счастливым и процветающим народом в мире, имея полную занятость и пользуясь самым высоким уровнем жизни. Этот успех был достигнут благодаря трудолюбию немецкого народа и поддержке честной денежной системы, не основанной ни на ростовщичестве, ни на золотом стандарте.

Один из мифов, распространяемых официальными историками, заключается в том, что экономическое возрождение Германии было основано на производстве вооружений. Приведенная ниже таблица показывает скромный уровень военных расходов, которые начали расти только в 1938–1939 годах, когда Германия начала чувствовать угрозу со стороны соседей.

Годы	Военные расходы RM	Национальный доход
1933/34	1,9 млрд	4%
1934/35	1,9 млрд	4%
1935/36	4 миллиарда	7%
1936/37	5,8 млрд	9%
1937/38	8,2 млрд	11%
1938/39	18,4 млрд	22%

Источник: Deutsche Reichsbank

Даже расходы на оборону в размере 22% от национального дохода непосредственно перед началом Второй мировой войны можно считать не слишком чрезмерными, если учесть, что границы Германии практически не имеют естественных барьеров и что в то время она была окружена враждебными соседями: Австрией, Чехословакией, Францией и Польшей. Германия также должна была восстановить вооружение, которое ей было запрещено приобретать в соответствии с условиями Версальского договора. Английский историк А. Дж. П. Тейлор пишет: «Состояние немецкого вооружения в 1939 году является убедительным доказательством того, что Гитлер не планировал общегосударственную войну и, вероятно, вообще не намеревался вести войну».[273]

[273] A.J.P. Taylor, *The Origins of the Second World War*, Hamish Hamilton, Лондон, 1961, 218.

События послевоенного периода

В мае 1945 года *Deutsche Reichsbank* прекратил свою деятельность, хотя его дела фактически завершились только в 1961 году.[1]мая 1948 года его преемником в западной половине страны стал *Bank deutscher Länder* (Банк немецких земель). Этот банк ввел немецкую марку 21 июня 1948 года и позднее стал известен как *Немецкий федеральный банк,* который был учрежден 26 июля 1957 года. Хотя он был юридически независимым и построен по образцу Федеральной резервной системы США, Бундестаг, или федеральный парламент, осуществлял значительный контроль и влияние на его политику, поэтому в то время он не был столь независимым, как большинство центральных банков сегодня.

С 2001 года, как член Европейского центрального банка, *Немецкий федеральный банк* передал большую часть своих полномочий этой организации. Оставшиеся его обязанности, которые он делит с ЕЦБ, включают эмиссию банкнот, управление клиринговой палатой, надзор и управление валютными резервами. Основная цель ЕЦБ, как определено в статье 127 (1) Договора о функционировании Европейского Союза, заключается в поддержании стабильности цен. Эта одержимость в значительной степени ответственна за рекордный уровень безработицы и низкие темпы роста ВВП, которые мы наблюдаем, а также за падение рождаемости.

ЕЦБ был создан 1 января 1998 года и официально начал свою деятельность[1]января 1999 года с введением единой валюты — евро. Этот банк, контролируемый Ротшильдами, иронично расположен по адресу Кайзерштрассе, 29, Франкфурт-на-Майне, недалеко от *Юденгассе* (Еврейской улицы), где Майер Амшель Ротшильд и его брат Кальман открыли лавку по обмену монет и медалей в 1780-х годах. Для 18 стран, которые по глупости приняли евро и присоединились к ЕЦБ, их порабощение и подчинение стали *свершившимся фактом*[274].

Фашистская Италия

28 октября 1922 года к власти пришли Бенито Муссолини и его Национальная фашистская партия. Фашизм следует более точно

[274] Примечание переводчика: в тексте на французском языке

называть корпоративизмом, поскольку он символизирует слияние государства и корпоративной власти. В 1936 году Палата депутатов была заменена Национальным советом корпораций, состоящим из 823 представителей промышленности, наемных работников и провинций, которые руководили промышленным производством и разрешали трудовые конфликты.

В 1920-е годы за счет государственных расходов была начата программа общественных работ, не имевшая себе равных в современной Европе того времени. Были построены мосты, каналы, автомагистрали протяженностью 4 000 км, больницы, школы, железнодорожные вокзалы и детские дома. Были высажены леса и созданы университеты.[275] Были осушены Понтийские болота, и было возвращено 802 $км^2$ земель.[276] Сельское хозяйство субсидировалось и регулировалось программой национальной самодостаточности, или аутаркии.

Государственный банк Италии

В 1926 году Муссолини впервые вмешался в банковский сектор, предоставив Банку Италии право эмиссии банкнот и управление минимальными резервами банка, включая запасы золота. Использование итальянского фашизма «преимущественно для создания автоаркического государства, не подверженного капризам мировой торговли и финансов»,[277] составляло суть его политики. В 1927 году Италия получила от JP Morgan ссуду в размере 100 миллионов долларов для преодоления чрезвычайной ситуации. Впоследствии Муссолини отказался «вести переговоры или принимать другие ссуды из-за рубежа», поскольку «был полон решимости сохранить Италию свободной от любой финансовой зависимости от иностранных банковских интересов».[278]

---

[275] Р.Г. Прайс, *«Фашизм, часть 1: понимание фашизма и антисемитизма»*, 23 октября 2003 г. www.rational/revolution.ne/articles/understandingfascism.htm

[276] Сегодня в этом ранее пустынном регионе проживает 520 000 человек.

[277] К. Болтон, *«Банковское мошенничество: создание денег и государство»*, Black House Publishing Ltd, Лондон, 2013, стр. 118.

[278] Л. Виллари, *«Итальянская внешняя политика при Муссолини»*, Holborn Publishing Company, Лондон, 1959, с. 59.

Бенито Муссолини осматривает ход работ по осушению Понтинских болот — одного из своих инженерных триумфов, благодаря которому этот регион, где свирепствовала малярия, превратился в зону сельскохозяйственного изобилия.

В 1931 году государство присвоило себе право контролировать все крупные банки через *Instituto Mobiliare Italiano* (Итальянский институт ценных бумаг). В 1936 году этот процесс был завершен, когда в соответствии с *Atto Reforma Bancaria* (Законом о банковской реформе) Банк Италии и все крупные банки стали государственными учреждениями.[279]

Банк Италии теперь был полноценным государственным банком, единственным обладающим правом создавать кредит из ничего и распределять его среди других банков за небольшую плату. Ограничения на государственные займы были сняты (как это было в случае с Банком Японии, см. далее), и Италия отказалась от золотого стандарта.

Государственный банк Японии

Банк Японии, или 日本銀行 (*Nippon Ginkō*), был основан 10 октября 1882 года. Хотя японский императорский двор был его крупнейшим акционером, он функционировал как типичный

[279] А. Дж. де Гранд, *«Фашистская Италия и нацистская Германия: «фашистский» стиль правления»*, George Routledge & Sons Ltd, Лондон, 2004, с. 52.

центральный банк, т. е. в интересах частных банков и в ущерб общественным интересам.

В 1929 году Ч. Х. Дуглас, чья система социального кредита уже была представлена, совершил лекционный тур по Японии. Его предложения позволить правительству создавать деньги и кредит нации без процентов были с энтузиазмом встречены руководителями японского правительства и промышленности. Все книги и брошюры Дугласа были переведены на японский язык, и в этой стране было продано больше экземпляров, чем во всем остальном мире.[280]

Реорганизация Банка Японии в государственный банк, управляемый исключительно в интересах национальных интересов, началась в 1932 году. Реформа банка была завершена в 1942 году, когда Закон о Банке Японии был переработан в соответствии с законодательством немецкого Рейхсбанка 1939 года.[281] Банк функционировал следующим образом:

> «Понятно, что Банк является специальной корпорацией с ярко выраженной национальной структурой. Банк должен взять на себя задачу контроля над валютой и финансами, а также поддерживать и продвигать кредитную систему в соответствии с государственной политикой для обеспечения полного использования потенциала нации. С другой стороны, он должен **«управляться с достижением национальных целей в качестве единственного руководящего принципа»** (Статья 2). Что касается функций Банка, то закон отменил старый принцип приоритета коммерческого финансирования, предоставив ему полную свободу действий в области надзора за промышленным финансированием. Закон также разрешал Банку предоставлять правительству неограниченные авансы без какого-либо обеспечения, а также подписываться на казначейские векселя и выкупать их. Что касается денежной эмиссии, то закон сделал систему максимальной эмиссии постоянной, так что Банк мог эмитировать деньги по своему усмотрению для

[280] «New Economics», 19 января 1934 г., с. 8, цитируется по: Д. Дж. Амос, *«История Банка Содружества»*, Veritas Publishing Company, Буллсбрук, Западная Австралия, 1986, с. 44.

[281] www.veteranstoday.com/2011/06/26was-world-war-ii-fought-to-make-theworld-safe-for-usury и S. M. Goodson, «La véritable raison de l’attaque japonaise sur Pearl Harbor», *The Barnes Review*, Вашингтон, Т. XIV, № 6, ноябрь/декабрь 2008 г., с. 41–45.

> удовлетворения потребностей оборонной промышленности и правительства. С другой стороны, надзор правительства за Банком был значительно усилен. Правительство могло назначать и давать указания президентам и директорам; одно из положений предоставляло правительству широкие полномочия давать так называемые «функциональные указания» банку, чтобы заставить его применять меры, которые считались необходимыми для достижения целей Банка. Кроме того, закон подчинял значительную часть финансовых операций Банка одобрению правительства, в том числе в таких областях, как изменение ставок, эмиссия банкнот и надзор за счетами».[282]

Япония пережила те же травмирующие трудности, вызванные искусственной Великой депрессией. Однако переход от частного центрального банка к методологии государственного органа дал результаты, которые были одновременно убедительными и долгосрочными.

Экономические показатели Японии 1931–1941 гг.

	Промышленная промышленности	Все отрасли	Национальный доход	ВВП
1931	19,1	19,7	10,5	12,5
1932	20,2	20,8	11,3	13,0
1933	24,7	25,3	12,4	14,3
1934	26,4	27,0	13,1	15,7
1935	27,9	28,7	14,4	16,7
1936	31,5	32,3	15,5	17,8

[282] *«Деньги и банковское дело в Японии»*, Департамент экономических исследований Банка Японии, перевод С. Нисимура, под редакцией Л. С. Пресснелла, Macmillan, Лондон, 1973, стр. 38.

1937	37,2	37,7	18,6	23,4
1938	38,2	39,0	20,0	26,8
1939	42,4	43,0	25,4	33,1
1940	44,3	44,9	31,0	39,4
1941	45,8	46,5	35,8	44,9

Источник: Департамент статистики, Банк Японии

Эта таблица иллюстрирует постепенное улучшение, которое наступило в японской экономике после устранения препятствий, связанных с износом. В период 1931–1941 годов производство промышленных товаров и промышленная продукция выросли соответственно на 140% и 136%, в то время как национальный доход и ВВП выросли соответственно на 241% и 259%. Эти впечатляющие показатели значительно превзошли темпы экономического роста в остальных промышленно развитых странах. Уровень безработицы снизился с 5,5% в 1930 году до 3% в 1938 году. Число трудовых споров сократилось благодаря уменьшению числа несанкционированных забастовок, количество которых снизилось с 998 в 1931 году до 159 в 1941 году.

Вызов Японии европейским автопроизводителям – Маленький Datsun продавался по цене ниже, чем самые дешевые автомобили из США или Великобритании. Его заказали для тестирования в Индии, Чехословакии и Великобритании. На фотографии принц Чичбе, брат императора Хирохито, сидит за рулем автомобиля в Японской промышленной ассоциации в Йокогаме в декабре 1934 года.

К концу 1930-х годов Япония стала доминирующей экономической державой в Восточной Азии, и ее экспорт регулярно превосходил экспорт США и Великобритании. В августе 1940 года Япония объявила о создании «Сферы совместного процветания Большой Восточной Азии».[283] Опасение, что эти страны могут перенять японские методы государственного банковского дела, представляло такую угрозу для принадлежащего Ротшильдам Федерального резерва, что война казалась единственным способом предотвратить воспроизведение этой добродетельной модели в более широком масштабе.

Как Япония была втянута во Вторую мировую войну

Начиная с июля 1939 года отношения с Америкой быстро ухудшились после того, как США в одностороннем порядке аннулировали Торговый договор 1911 года, тем самым ограничив способность Японии импортировать необходимые сырьевые материалы. Эти меры были открыто введены из-за войны в Китае, за ними последовало введение в июне 1940 года эмбарго на керосин, а в ноябре 1940 года — запрет на экспорт железной руды и стали в Японию. 25 июля 1941 года все японские активы в Англии, Голландии и Америке были заморожены после того, как Япония с разрешения Вишистской Франции мирно оккупировала Индокитай, чтобы перекрыть снабжение Китая с юга, и вся торговля между Японией и Америкой была приостановлена. В то же время президент Франклин Д. Рузвельт закрыл Панамский канал для всех японских судов, и было введено эмбарго на каучук и нефть, что в последнем случае привело к потере 88% всех поставок. Без нефти Япония не могла выжить.

Генерал-премьер-министр Хидеки Тодзи (октябрь 1941 — июль 1944) объясняет в своем дневнике, как США постоянно препятствовали дипломатическим усилиям Японии по поддержанию мира. Мирные торговые отношения Японии постоянно саботировались США, и эти препятствия представляли большую угрозу для будущего страны.

[283] Проект, первоначально разработанный генералом Хатиро Арита, занимавшим пост министра иностранных дел с 1936 по 1940 год. Об этом сотрудничестве официально объявил министр иностранных дел Мацуока Ёсуке[1]августа 1940 года.

Экономическая блокада постепенно затягивала удавку на шее Японии. Мало того, что США, Англия, Китай и Голландия окружали Японию экономическими санкциями, так еще и военно-морские силы в районе Филиппин, Сингапура и Малайзии были передислоцированы и усилены. Американские военные корабли были замечены, патрулируя территориальные воды Японии. Американский адмирал Эрнест Дж. У. Уоррен заявил, что японский флот может быть потоплен в течение двух недель, в то время как премьер-министр Великобритании Уинстон Черчилль (Winston Churchill) заявил, что Англия присоединится к Америке в течение 24 часов.

Генерал Тодзио писал: «Япония пыталась обойти эти опасные обстоятельства с помощью дипломатических переговоров, и хотя Япония шла на многочисленные уступки, одну за другой, в надежде найти решение путем взаимного компромисса, никакого прогресса не было, поскольку Соединенные Штаты не отступали от своей первоначальной позиции. В конце концов, США вновь выдвинули требования, которые Япония не могла принять: полный вывод войск из Китая, отказ от признания правительства Нанкина и выход из Тройственного пакта».[284]

Япония предприняла множество дипломатических шагов, в том числе предложила провести саммит 8 августа 1941 года, но все они закончились неудачей. К 2 декабря 1941 года Япония была лишена 75% своего внешнего торговли в результате блокады союзников и, следовательно, оказалась вынужденной напасть на Америку, чтобы попытаться сохранить свое процветание и обеспечить свое существование как суверенного государства. Постоянное давление и отсутствие компромисса со стороны нью-йоркских ростовщиков намеренно спровоцировали Японию на принятие ответных мер.

События послевоенного периода

[284] *The Journal for Historical Review*, т. 12, № 1, весна 1992 г., «Тюремный дневник Хидеки Тодзи», с. 41–42. Тройной пакт, подписанный 27 сентября 1940 г., представлял собой соглашение сроком на десять лет между Германией, Италией и Японией. Его основной целью было поддержание нового экономического порядка, основанного на банковской системе, свободной от ростовщичества, а также содействие взаимному процветанию и благополучию народов этих стран. Статья 3 предусматривала оказание политической, экономической и военной помощи в случае нападения на одну из трех держав со стороны державы, еще не вовлеченной в войну в Европе или в китайско-японский конфликт.

После поражения Японии одним из первых решений оккупационных сил США в Японии в сентябре 1945 года стала реструктуризация японской банковской системы с целью приведения её в соответствие со стандартами международных банкиров —, то есть ростовщичество. Неограниченное финансирование государства Банком Японии было отменено, а крупные промышленные конгломераты, *заибацу*, были расформированы. Эта политика проводилась Джозефом Доджем, банкиром из Детройта, который был финансовым советником Верховного главнокомандующего союзными силами генерала Дугласа Макартура.

Министерство финансов, однако, сумело сохранить определенный контроль над банковской системой и, в частности, над денежно-кредитной политикой. В 1988 году Япония сильно пострадала от принятия мер Базель I, которые обязывали Банк Японии привлекать минимальный капитал для своих рисковых активов, увеличив его с 2% до 8%. Это решение вызвало рецессию, которая длится уже 26 лет.

В апреле 1998 года министр финансов был по закону вынужден подчиниться независимому Банку Японии. С тех пор Банк Японии функционирует как типичный центральный банк под контролем Ротшильдов, редко используя свои полномочия в интересах японского народа.

ГЛАВА VII

Современные формы государственного банка

«Банк был задуман в неправде и рожден грехом. Банкиры владеют землей. Отнимите у них землю, но оставьте им право создавать деньги, и одним росчерком пера они создадут достаточно денег, чтобы выкупить всю землю. Однако лишите их этой власти, и все большие состояния, подобные моему, исчезнут, как и должно быть, ибо мир, в котором мы тогда будем жить, станет только лучше и счастливее. Но если вы желаете оставаться рабами банкиров и оплачивать расходы своего собственного рабства, то позвольте им продолжать создавать деньги».

- Сэр Джозайя Стэмп,
бывший директор
Банка Англии

Банк Северной Дакоты[285]

В 1919 году 48 штатам США была предложена возможность создать свой собственный государственный банк. Северная Дакота была единственным штатом, который принял это предложение.

Северная Дакота, столица которой называется Бисмарк, имеет население 684 000 человек. Она расположена в центре Америки, недалеко от канадской границы. Несмотря на очень суровые зимы, основной источник прямых и косвенных доходов штата — сельское хозяйство. Штат занимает первое место по производству пшеницы, в основном твердой пшеницы ([286]), ячменя, канолы, льна, овса и семян подсолнечника. Сланцевое масло, добываемое методом гидроразрыва пласта в бассейне Баккен, и бурый уголь являются основными полезными ископаемыми штата.

[285] http://bankndnd.gov/

[286] Более твердый сорт пшеницы, используемый для изготовления спагетти и других видов макаронных изделий.

Государственный банк Северной Дакоты был основан коалицией фермеров в 1919 году.

Большинство штатов США технически неплатежеспособны; за исключением Северной Дакоты и ее западного соседа, Монтаны, все они сталкиваются с бюджетным дефицитом. Для сравнения: Калифорния, крупнейший штат с экономической точки зрения и в настоящее время двенадцатая экономика мира, в апреле 2013 года имела дефицит в 23 миллиарда долларов и ежегодно выплачивает 10,4 миллиарда долларов в виде процентов. В 2012 году его долговые обязательства составляли 167,9 млрд долларов. В отличие от 49 других штатов, страдающих от постоянно растущего уровня безработицы, в Северной Дакоте он снизился и в настоящее время является самым низким в стране — 2,7%. Этот штат также имеет самый низкий уровень банкротства предприятий в США.

В сентябре 2012 года Северная Дакота имела бюджетный профицит в размере 1,6 млрд долларов. В период с 1997 по 2010 год ее ВВП вырос на 93,4%, с 16 млрд до 31 млрд долларов. В период с 2000 по 2011 год доход на душу населения вырос на 127%, с 20 155 до 45 747 долларов, в то время как рост на национальном уровне за тот же период составил всего 37,4%.

Секрет его успеха заключается в государственном банке. Задача банка — предоставлять финансовые услуги, которые поддерживают сельское хозяйство, торговлю и промышленность. По закону государство обязано размещать все свои средства в банке, который выплачивает ему конкурентоспособную процентную ставку.

Банк перечисляет государству всю свою прибыль, которая в 2011 году составила 60 миллионов долларов. За последние 11 лет государству было выплачено более 460 миллионов долларов. Большая часть этих средств используется для компенсации снижения налогов. Банк также обеспечивает вторичный рынок ипотечных кредитов, предоставляет гарантии новым предприятиям и кредиты фермерам под 1% годовых. Северная Дакота не пережила ни кредитного кризиса, ни замораживания кредитов, поскольку банк предоставляет штату собственные кредиты. Установив собственную экономическую суверенитет, Северная Дакота стала самым процветающим и финансово жизнеспособным штатом во всех Соединенных Штатах.

Даже если государственный банк не решит финансовый тупик, с которым сталкивается страна на национальном уровне, государственные банки США способны значительно облегчить положение правительств штатов, обеспечив бюджетный профицит, значительное снижение налогов, сокращение безработицы и высокий уровень благосостояния. По состоянию на июнь 2014 года 25 штатов рассматривали законодательство, позволяющее создать государственный банк.[287]

Штаты Гернси

В 1815 году, когда наполеоновские войны закончились, Гернси находился в плачевном состоянии. Его дороги были в ужасном состоянии, дамбы и экономика пришли в упадок. Остров не мог брать деньги в долг, поскольку не мог собрать достаточно налогов для выплаты требуемых процентов.

В 1816 году, чтобы профинансировать общественные работы и новую рыночную площадь, Комитет Статей Гернси обратился к новому решению. Он выпустил 6 000 фунтов стерлингов в виде банкнот номиналом в один фунт, без долга и процентов. В течение двух лет все работы были завершены, при этом их финансирование никоим образом не увеличило государственный долг.[288]

---

[287] http://publicbankinginstitute.org/

[288] Грубиаки представляют собой интересный пример того, как сложные проценты могут поработить сообщество. В 1817 году фруктовый рынок в Глазго был профинансирован ссудой под проценты в размере 60 000 фунтов стерлингов. В конечном итоге она была погашена только 139 лет спустя, в 1956 году. Ставка сложных процентов в период с 1816 по 1910 год неизвестна, но с 1910 по 1956 год было выплачено 267 886 фунтов стерлингов.

Был произведен еще один выпуск на сумму 5 000 фунтов стерлингов, на этот раз включая банкноты номиналом в пять фунтов, для реконструкции колледжа Элизабет, основанного королевой Елизаветой I в 1563 году, и приходской школы. В 1837 году в обращении находилось 55 000 фунтов стерлингов. Остров пережил рост туризма и достиг невиданного ранее уровня процветания.

Старая рыночная площадь в Сент-Питер-Порте была построена в 1816 году за счет выпуска банкнот на сумму 6 000 фунтов стерлингов без долга и без процентов.

В 1914 году объем эмиссии государственных банкнот достиг 142 000 фунтов стерлингов. В 1937 году — 175 000 фунтов стерлингов. Стоимость печати этих банкнот составила 450 фунтов стерлингов, в то время как годовые процентные выплаты должны были составить 11 383 фунта стерлингов (6,5 %). В 1958 году в обращении находилось 542 765 фунтов стерлингов. В настоящее время в обращении находится 43,8 миллиона фунтов стерлингов.[289] Сегодня население Гернси составляет 65 400 человек, которые пользуются одним из самых высоких уровней жизни в мире. Действующая ставка подоходного налога составляет 20% независимо от источника дохода, но она ограничена суммой в 220 000 фунтов стерлингов в год. Налога на прибыль нет, за исключением 10-процентного сбора на определенные банковские операции; нет налога на капитал, налога на наследство, налога на недвижимость, НДС и налога на перевод капитала. У Гернси нет государственного долга.

[289] Департамент казначейства и ресурсов, Гернси, 16 ноября 2012 г.

Центральный банк Ливии

С 1551 по 1911 год Ливия находилась под управлением Османской империи, с 1911 по 1943 год — под управлением Италии, а с 1943 по 1951 год — под двойным военным суверенитетом Великобритании и Франции. Центральный банк Ливии был основан в 1956 году и функционировал как типичный центральный банк до бескровного *переворота*[290] [1]сентября 1969 года.

В 1959 году была обнаружена нефть исключительного качества. Однако король Идрис аль-Махди ас-Сануси не сумел извлечь выгоду из этого богатства и использовать его на благо своего народа, и большая часть нефтяных доходов была переведена на счета нефтяных компаний.

Придя к власти в 1969 году, Муаммар Каддафи взял под свой контроль экономическую деятельность страны, включая центральный банк, который на практике управлялся как государственный банк. Он выступал в качестве «супербанкира» для местных банков, а иностранным банкам не разрешалось проводить в нем операции. Финансирование государственной инфраструктуры не происходило за счет *рибы* (процентов), и у Ливии не было государственного долга, она не брала никаких займов за рубежом. Ее валютные резервы превышали 54 миллиарда долларов, что можно сравнить с резервами таких развитых стран, как Великобритания и Канада, которые в 2010 году обладали соответственно 50 и 40 миллиардами долларов. Рост ВВП в период 2000–2010 годов составлял 4,32% в год, а официальный показатель инфляции составлял -0,27%.[291]

Полковник Муаммар Каддафи ([292]) изображался в СМИ как «ужасный диктатор и кровожадное чудовище»[293], но на самом деле, за исключением города Бенгази и его окрестностей, он пользовался поддержкой 90% населения.[294]

Следующие преимущества, предоставленные Каддафи,

[290] Примечание переводчика: в тексте на французском языке.
[291] www.theglobaleconomy.ca
[292] Его фактическое звание было лейтенантом.
[293] http://embassy-finder.com/libya_in_kuwait_kuwait
[294] Несмотря на непрекращающиеся бомбардировки НАТО,[1]июля 2011 года миллион жителей Триполи (из 2,2 миллиона населения) собрались на митинг в поддержку своего лидера Каддафи.

объясняют причины его популярности:

- Бесплатное образование.
- Студентам выплачивалась средняя заработная плата, соответствующая изучаемой специальности.
- Студентам, обучающимся за рубежом, предоставлялось жилье, автомобиль и 2 500 евро в год.
- Бесплатное электроснабжение.
- Бесплатное медицинское обслуживание.
- Бесплатное жилье (ипотека была запрещена).
- Молодоженам в подарок от правительства выделялось 60 000 динаров (50 000 долларов)[295].
- Автомобили продавались по заводской цене без процентов.
- Кредиты физическим лицам предоставлялись без процентов.
- Буханка хлеба стоила 15 центов.
- Бензин стоил 12 центов за литр.
- Часть доходов от продажи углеводородов напрямую перечислялась на банковские счета граждан.
- Фермеры получали землю, семена и скот бесплатно.
- В стране царила полная занятость, а тем, кто временно оставался без работы, выплачивали сумму, равную их полной заработной плате.

[295] 1 доллар = 1,20 ливийского динара.

Муаммар Мохаммед Каддафи – он был строгим последователем Священного Корана, который отменил любую форму ростовщичества и поставил Центральный банк Ливии на службу ливийскому народу.

Джамахирия — «государство народа» Каддафи — следила за тем, чтобы богатства этой страны с населением 5,79 миллиона человек справедливо распределялись среди всего населения. Нищих и бездомных не было, средняя продолжительность жизни составляла 75 лет — самая высокая в Африке и на 10% выше среднемирового показателя. Уровень грамотности составлял 82%. Что касается прав человека, Ливия занимала 61-е место в Международном индексе заключения. Чем ниже оценка, тем выше показатель. Первое место в настоящее время занимают Соединенные Штаты.[296]

Еще одним важным достижением Каддафи стало преобразование Нубийского бассейна в Большую искусственную реку, которая ежедневно поставляет 6 500 000 м^{3}питьевой воды в города Триполи, Сирт и Бенгази. Добываемая вода в десять раз дешевле опресненной. Общая стоимость проекта, оцениваемая в 25 миллиардов долларов, была профинансирована без единого иностранного кредита.

Хотя центральные банки Беларуси, Бирмы, Кубы, Ирана, Северной Кореи, Северного Судана и Сирии не находятся под прямым контролем банковского картеля Ротшильдов, Ливия

[296] С. Гудсон, *«Правда о Ливии»*, 4 апреля 2011 г., http://rense.com/general/93/truth.htm

обладала единственным центральным банком, функционирующим в государственном режиме, что приводило к классическим признакам полной занятости, нулевой инфляции и создания современного рая для трудящихся.

Все это заставляет задаться вопросом о причинах вмешательства НАТО под предлогом мнимых нарушений прав человека, за защиту которых она якобы несет ответственность. С 1971 года, когда США отказались от золотого стандарта в пользу нефтедоллара при пособничестве Саудовской Аравии, любая попытка вытеснить американский доллар как доминирующую резервную валюту блокировалась и встречала жестокое сопротивление.

В ноябре 2000 года Саддам Хусейн издал указ о том, что все сделки с углеводородами будут проводиться в евро, поскольку он больше не желал вести торговлю, используя «валюту врага».[297] Как было впоследствии доказано, обман с оружием массового уничтожения был лишь ложным предлогом, и именно это валютное решение стоило Саддаму Хусейну жизни и привело к разрушению его страны.

В аналогичных обстоятельствах Каддафи объявил в 2010 году о создании золотого динара для оплаты всех внешних транзакций в регионе, включающем 200 миллионов жителей. В то время Ливия владела 144 тоннами золота. Предлагаемое решение не было возвращением к золотому стандарту *как таковому*, а введением новой меры стоимости для нефтяного экспорта и других ресурсов, расчеты по которым должны были производиться в золотых динарах.[298] Каддафи пересек красную черту и заплатил за это самой высокой ценой.

С 2007 года Иран требовал, чтобы платежи производились в евро. 17 февраля 2008 года Иранская нефтяная биржа стала использовать в основном евро, иранский риал и корзину неамериканских валют для торговли углеводородами, нефтехимическими продуктами и газом. Первая партия нефти, проданная в рамках этой новой системы, была реализована на этом рынке в июле 2011 года. Это событие следует рассматривать как основную причину неоднократных угроз со стороны Израиля и США в адрес Ирана.

---

[297] *Time*, 13 ноября 2000 г.

[298] «Золотой динар: спасение мировой экономики благодаря Каддафи», www.globalresearch.ca, 5 мая 2011 г.

ГЛАВА VIII

Банковский кризис и окончательный упадок цивилизации

«Я боюсь, что обычный гражданин не оценит того, что банки могут и фактически создают и уничтожают деньги. Объем существующих денег варьируется только в зависимости от увеличения и уменьшения банковских вкладов и кредитов… и те, кто контролирует кредит нации, направляют политику правительства и держат в своих руках судьбу народов»[299]

— Реджинальд МакКенна,
бывший министр финансов.

Исторический обзор

Банковские кризисы обычно принимают три формы: (i) крах отдельного банка из-за потери доверия и массового изъятия вкладов, (ii) банковская паника, когда одновременно обанкрочивается ряд банков, и (iii) когда рушится вся система.

В XVIII веке банковские кризисы ограничивались странами, которые имели центральные банки и практиковали ростовщичество, а именно Англией, Нидерландами и Швецией.

В 1710 году банк Sword Blade, конкурируя с Банком Англии, приобрел часть государственного долга в обмен на акции Sword Blade. В следующем году Южно-Тихоокеанская компания осуществила аналогичную операцию и в 1720 году приобрела оставшуюся часть государственного долга в обмен на свои завышенные акции. Южно-Американская компания была, по сути, лишь пустой оболочкой и даже не являлась компанией, обладающей коммерческими активами. 24 сентября 1720 года банк Sword Blade был ликвидирован, а к концу того же года акции Южно-Американской компании потеряли почти 90% своей стоимости, составлявшей 1000 фунтов стерлингов за штуку.

[299] Речь президента перед акционерами Midland Bank, 25 января 1924 г.

В 1763 году, после окончания Семилетней войны (1756–1763), *векселя*, выпущенные голландским банкиром Леендертом Питером де Неввилем, не могли быть погашены и вызвали массовый отток вкладчиков из банков Нидерландов, Германии и Швеции.

В январе 1772 года лондонский банковский дом Neal, James, Fordyce and Down, который занимался крупномасштабной спекуляцией, продавая в открытую акции Ост-Индской компании, обанкротился, не сумев покрыть свои убытки из-за массового изъятия средств клиентами. Двадцать два крупных банка и почти все частные банки Шотландии были ликвидированы. Эффект домино дошел даже до Амстердама. Многие местные банки столкнулись с кризисом ликвидности, в том числе «Clifford and Sons», который обанкротился.

С тех пор почти все банковские кризисы вызывались моделью центрального банка, которая позволяет частным банкам создавать деньги посредством процентной задолженности, а затем уничтожать их после погашения. Так, первые две паники 1792 и 1796–1797 годов в США были вызваны Первым банком Соединенных Штатов, когда он намеренно ограничил доступ к кредитам, чтобы спровоцировать экономический коллапс.

Аналогичная финансовая катастрофа и последовавшая за ней депрессия были спланированы и осуществлены в 1819 году Вторым банком Соединенных Штатов, принадлежавшим Ротшильдам, в то время как Англия также пострадала от искусственной паники в 1825 и 1847 годах. Во время паники 1825 года 66 банков были вынуждены прекратить свою деятельность.

Еще одна банковская паника в США произошла в 1857 году из-за организованного дефицита золота, который привел к банкротству компаний и «Ohio Life Insurance and Trust Company». Как мы уже отмечали в главе IV, после того как в январе 1873 года США были вынуждены перейти на золотой стандарт, сформировалась схема все более частых и интенсивных банковских паник. Менее чем через восемь месяцев, в сентябре того же года, США погрузились в преднамеренную рецессию, которая длилась четыре долгих года.

Последующие финансовые кризисы 1884, 1890, 1890–1891, 1893–1894, 1897, 1903 и 1907 годов были все сознательно спровоцированы с целью погрузить американский народ в состояние растерянности и отчаяния. После 40 лет спланированного хаоса, пузырей и обвалов на фондовом рынке, а также кампании дезинформации в СМИ, население покорно сдалось, и мечта заговорщиков-банкиров о создании Центрального банка США осуществилась 23 декабря 1913 года.

После Великой депрессии, которая была спровоцирована Федеральной резервной системой[300], наступил относительный период стабильности, продолжавшийся до 1990-х годов, когда все большее число стран стало страдать от экономических кризисов и финансовых трудностей. (Финляндия, Швеция, Венесуэла, Индонезия, Южная Корея, Таиланд, Россия, Аргентина, Эквадор и Уругвай).

Банковский кризис 2007 года

Семена нынешнего банковского кризиса были посеяны, когда 12 ноября 1999 года был отменен Закон Гласса-Стиголла 1933 года, который запрещал банкам владеть финансовыми учреждениями и отделял банки от инвестиционных компаний. Во время принятия первоначального закона сенатор Картер-Гласс, бывший министр финансов США и один из его инициаторов, заметил: «С пистолетом человек может ограбить банк, но с банком, человек может ограбить весь мир».

К концу срока полномочий администрации Клинтона было объявлено, что каждый имеет право на собственный дом, и с этой целью Министерство жилищного строительства и городского развития запустило программу под названием «Стратегическое партнерство по национальному домовладению и американской мечте». Чтобы привлечь как можно больше домовладельцев, требования к получению кредита были значительно снижены, и правительство предоставило заемщикам налоговую льготу в размере 8 000 долларов. В течение первых двух лет предлагались привлекательные процентные ставки, но впоследствии они значительно повышались.

[300] В 2002 году в ответ на вопрос, заданный профессором Милтоном Фридманом Бену Бернанке, тогдашнему члену академического совета Федерального резервного банка Нью-Йорка, о Великой депрессии, Бернанке ответил: «Что касается Великой депрессии. Вы правы, мы были виновны в ней. Нам действительно очень жаль».

Сенатор **Картер-Гласс**, чей закон запрещал банкам владеть финансовыми учреждениями и отделял банки от инвестиционных компаний. Этот закон был отменен в 1999 году, что привело к катастрофическим последствиям.

В период с 1998 по 2006 год цены на недвижимость выросли на 124%, но через два года было зафиксировано падение на 20%. В отличие от растущих цен, доступность жилья демонстрировала тенденцию к снижению. В период с 1980 по 2000 год соотношение стоимости среднего жилья к среднему доходу домохозяйств составляло 3, но к 2006 году оно выросло до 4,6. Кредитные дефолтные свопы (CDS), созданные для спекуляции на рисках, связанных с кредитами, в период с 1998 по 2008 год увеличились в несколько раз, достигнув объема в 47 триллионов долларов и номинальной стоимости в 683 триллиона долларов.

Лауреат Нобелевской премии **Фредерик Содди**, чьи взгляды на денежно-кредитную и банковскую систему основаны на физике и разоблачили ложность идеи вечного экономического роста.

Для поддержания пузыря на рынке недвижимости были разработаны инновационные финансовые продукты, такие как CDO (облигации, обеспеченные активами). Ипотечные кредиты с различной вероятностью погашения были секьюритизированы и, после того как рейтинговые агентства присвоили им рейтинги, гарантирующие их надежность (как выяснилось позже, обманным путем), в большинстве случаев были проданы наивным инвесторам.[301]

С целью дальнейшего развития этой культуры алчности теневой банковский сектор, включающий инвестиционные банки и спекулятивные фонды, совокупные активы которых на тот

[301] Одной из самых громких жертв этого мошенничества стал Нефтяной пенсионный фонд правительства Норвегии, второй по величине суверенный фонд в мире, который в 2008 году понес убытки в размере 90 миллиардов долларов. Этот ущерб фактически свел на нет всю прибыль за предыдущие 12 лет. http://news.bbc.co.uk/2/hi/business/7961100.stm

момент превышали 100 триллионов долларов, агрессивно продвигал эти продукты, несмотря на то, что в июне 2007 года 39% всех ипотечных кредитов не соответствовали критериям классического эмитента.

Пузырь лопнул, когда 15 сентября 2008 года Lehmann Brothers объявила о банкротстве. Была срочно запрошена мера по спасению, и Конгресс выделил 700 миллиардов долларов на План Полсона, но это была лишь вершина айсберга, поскольку с тех пор Федеральная резервная система предоставила более 16 триллионов долларов помощи национальным и иностранным банкам. Согласно мемуарам «[302] » Нила Барофски, генерального инспектора Плана Полсона, окончательная сумма может превысить 24 триллиона долларов. Поэтому неудивительно, что в период 2008–2013 годов баланс Федеральной резервной системы вырос на 500% и достиг 5 триллионов долларов — и все это для поддержания неплатежеспособного банковского сектора с помощью программы количественного смягчения, напоминающей схему Понци[303], в то время как в том же духе балансы шести крупнейших западных банков выросли на 336,4% в период с 2007 по 2012 год, увеличившись с 10,7 трлн долларов до 14,6 трлн долларов.

Причина

На фоне последствий этого финансового кризиса начали появляться попытки решить то, что казалось неразрешимой проблемой. 21 июля 2010 года были приняты реформа Додда-Франка на Уолл-стрит и Закон о защите потребителей. Они содержат ряд регуляторных обязательств, призванных способствовать подотчетности, финансовой стабильности и прозрачности. 200 страниц закона посвящены реформе ипотечного кредитования и включают более строгие условия выдачи кредитов, а также обязательство кредитных брокеров убедиться в том, что заемщики способны погасить свои долги.

Руководство Базельского комитета по банковскому надзору предложило повысить уровень капитала и коэффициенты

[302] Н. Барофски, *«Bailout: An Inside Account of How Washington Abandoned Main Street While Rescuing Wall Street»*, Free Press, Нью-Йорк, 2012, стр. 288. В ноябре 2011 года Институт экономики Леви при Бард-колледже в Нью-Йорке подсчитал, что общая сумма финансовой помощи составила 29 триллионов долларов.

[303] Чарльз Понци был американским мошенником начала XX века.

ликвидности в надежде, что эти меры укрепят банковский сектор. Предполагается, что все эти меры будут введены в действие к 31 марта 2019 года. Однако вполне вероятно, что они приведут к обратному эффекту, вызвав еще большее сокращение денежной массы и усугубив рецессию.

Большинство банкиров и экономистов не понимают, что единственный доступный способ спасти экономику — это еще больше увязнуть в долгах (под проценты), поскольку денежная система, основанная на долгах, является нашим единственным средством обмена. Отсюда и все эти столь же упорные, сколь и нелепые мантры, повторяющие, что рост должен поддерживаться любой ценой, потому что если бы все займы пришлось погасить, денежная масса исчезла бы, и мы были бы вынуждены обменивать товары и услуги путем бартера. В нынешней ситуации списание мирового долга было бы вполне уместным, если бы денежную массу можно было заменить государственной банковской системой, создающей деньги без долга и процентов.

Основная причина, по которой развитый мир, который раньше производил долговечные товары высокого качества, был частично деиндустриализирован, заключается в том, что страны третьего мира должны постоянно производить товары низкого качества, чтобы подпитывать синдром роста. Это также подчеркивает абсурдность утверждения о том, что Европе нужен экономический рост, в то время как ее коренное население сокращается. Эта целенаправленная политика запланированного устаревания и принудительного роста также оказывает пагубное воздействие на окружающую среду. Как мы отметим в последнем разделе, падение рождаемости среди женщин в развитых странах, которое является прямым следствием износа, приведет к исчезновению цивилизации.

В заключение можно отметить, что главная скрытая цель нынешнего банковского кризиса — создать общее чувство отчаяния и вызвать единодушную поддержку идеи создания Всемирного центрального банка — ситуация, аналогичная той, что сложилась в США в XIX веке, когда банковские паники искусственно провоцировались в рамках подготовки к созданию Федеральной резервной системы. Когда паразитирующие банкиры достигнут этой цели, сомнительно, не исчезнет ли к тому времени хозяин, который их кормит.

Великая депрессия XXI века

Одна из главных причин постоянно растущего долгового пузыря заключается в самоубийственной политике глобализации и свободной торговли, которая привела к уже упомянутой частичной деиндустриализации США, Великобритании и Европы. Перемещение производств в страны третьего мира привело к сокращению производственной базы развитого мира, постоянной структурной безработице и растущему торговому дефициту. В попытке удержать рушащийся уровень жизни потребители в затронутых странах были вынуждены прибегать к все более значительным объемам частного долга. Так, в США в 1980-х годах для производства 1 доллара роста ВВП требовалось 2,37 доллара частного долга, в 1990-х годах эта сумма составляла 2,99 доллара, а в 2000-х годах произошло резкое увеличение до 5,67 доллара на каждый доллар экономического роста — уровень, который вскоре станет невыносимым.

Еще более усугубляющим фактором является рост стоимости добычи энергии, также известный как коэффициент возврата энергии, EROEI (*«Energy Returned On Energy* Invested»), который быстро приближается к критической отметке. Согласно отчету Tullet Prebon «[304] », в 1990 году теоретическая стоимость энергии составляла 2,43% ВВП ([305]), а в 2010 году она почти удвоилась до 4,7% ВВП. Ожидается, что к 2020 году она достигнет 9,6% ВВП, а к 2030 году — 15%. Это снижение энергетической выгоды, которое приведет к повсеместному закрытию целых секторов горнодобывающей и промышленной отраслей и затронет сельское хозяйство, предвещает очень существенное падение уровня жизни.[306]

Растущие затраты на добычу энергоресурсов — не единственные испытания, которые ждут человечество. За последние 100 лет

[304] Т. М. Морган, *«Идеальный шторм: энергия, финансы и конец роста» (Perfect storm energy, finance and end of growth)*www.tullettprebon.com/Documents/strategyinsights/TPSI009PerfectStorm009.pdf

[305] Так называемый «период расцвета» профессора Фредерика Содди, когда еще не наступила энтропия, что в данном случае означает дефицит относительно редких сырьевых ресурсов.

[306] Практически все сельскохозяйственные угодья были засеяны в 1960 году. Например, в период с 1950 по 1984 год мировое производство зерна выросло на 280%. Однако рост сельскохозяйственного производства почти полностью опирался на использование удобрений. При достаточном энергоснабжении производство продовольствия можно было бы сократить почти вдвое.

потребление воды увеличилось в четыре раза и продолжает расти. В настоящее время 1,6 миллиарда человек сталкиваются с нехваткой воды, и, согласно недавнему американскому отчету от июня 2014 года, к 2030 году мировой спрос на воду превысит доступное предложение на 40%.[307]

Однако фактором, превосходящим все эти макроэкономические соображения, является падение рождаемости в развитом мире. На рубеже XX века белое население мира составляло 590 миллионов человек, или 36% от общего числа в 1,65 миллиарда. В настоящее время его доля в мировом населении сократилась до 15%. Две бессмысленные братоубийственные мировые войны, развязанные для поддержания ростовщической системы, привели к этому катастрофическому упадку.

Приведенная ниже таблица, иллюстрирующая уровень рождаемости[308], показывает неизбежность и почти математическую уверенность в том, что к 2100 году большинство белых народов и значительная часть азиатских народов Северо-Восточной Азии исчезнут.

Нигерия	5,32
Пакистан	3,52
Египет	2,89
Бангладеш	2,83
Индия	2,81
Индонезия	2,18
Мексика	2,21

В первом столбце приведенной выше таблицы рождаемости перечислены все страны с населением свыше 100 миллионов человек, а в следующей таблице — страны с преимущественно белым населением и страны Дальнего Востока. Коэффициент

[307] http://theeconomiccollapseblog.com/archives/25-shocking-facts-abouttheearths-dwindling-water-resources

[308] www.en.wikipedia.org/wiki/List-of-sovereign-states-and-dependentterritories-by-fertility-rate

рождаемости, необходимый для воспроизводства населения, составляет 2,11.[309] Таким образом, белое, китайское и японское население будет серьезно сокращено в течение трех поколений,[310] и, если коэффициент рождаемости значительно не увеличится, им грозит возможное исчезновение.

США	2,05
Великобритания	1,94
Бразилия	1,90
Франция	1,89
Австралия	1,79
Швеция	1,67
Китай	1,55
Канада	1,53
Германия	1,41
Испания	1,41
Италия	1,38
Россия	1,34
Япония	1,27
Южная Африка	2,64 Коэффициент рождаемости среди белого населения составляет 1,5.

Исходя из приведенной выше таблицы, следует уточнить, что для того, чтобы коэффициент рождаемости 1,3 изменился в обратную сторону, потребуется от 80 до 100 лет, что практически невозможно; в то время как исторически коэффициент рождаемости 1,9 никогда не менялся в обратную сторону. Кроме того, серьезность сокращения белого населения маскируется тем фактом, что в эти цифры включена значительная доля небелых, у которых коэффициент рождаемости выше.

Процент белого населения в следующих крупных странах выглядит следующим образом:

Бразилия	48
Германия	88[311]

[309] Средний коэффициент рождаемости в мире составляет 2,55, но трудно определить, был ли этот показатель рассчитан арифметически или как средневзвешенное значение.

[310] Средний возраст, в котором женщина рожает первого ребенка, в настоящее время составляет 30 лет, тогда как 40 лет назад он был 25 лет.

[311] По данным немецкого статистического ведомства Destasis, 15 миллионов, или 19% населения Германии, составляющего 80,2 миллиона человек, имеют негерманское происхождение. Перепись была проведена 9 мая 2011 года.

Великобритания	86[312]
Австралия	85
Франция	85
Россия	81
Канада	80
США	65[313]

На Китай возлагаются большие надежды в плане спасения мировой экономики, однако коэффициент рождаемости в соседних с Гонконгом (население 7 млн человек) регионах составляет 0,97 для Гонконга и 1,10 для Тайваня (население 23,3 млн человек), что явно свидетельствует о тенденции к снижению и позволяет предположить, что материковый Китай вскоре достигнет таких же показателей рождаемости по мере повышения уровня жизни. Снижению показателей рождаемости в Китае также способствует политика «один ребенок», проводимая китайским правительством с 1979 года. Ожидается, что к 2025 году в Китае наступит период нулевого прироста населения.

Со времён Второй мировой войны всё больше замужних женщин в западном мире, обманутых зловредной пропагандой феминизма и гендерного равенства, вынуждены искать работу, чтобы их семьи могли оплачивать постоянно растущие проценты, необходимые для того, чтобы свести концы с концами. Большая часть этих процентов взимается по ипотечным кредитам, то есть с денег, которые банки создали из ничего. Прямым результатом этой несправедливой финансовой системы стало разрушение нормальной семейной жизни и резкое снижение рождаемости среди женщин. По словам Аарона Руссо, за этой дьявольской схемой стояли Рокфеллеры; она была создана для того, чтобы заманить женщин в сети подоходного налога, дестабилизировать общество и установить Новый Мировой Порядок.[314] Таким образом, мы можем установить неоспоримую связь между ростовщичеством и демографическим спадом. Даже если ростовщическая система будет полностью упразднена в течение пяти или десяти лет, эти

[312] *Heritage and Destiny*, The Changing Face of a Disunited Kingdom, Престон, Англия, март-апрель 2013 г., стр. 3.
[313] М. Мерлин, «*Наше видение Америки*», A2Z Publications LLC, Лас-Вегас, 2012, ix.
[314] См. https://www.youtube.com/watch?v=IdM8UN2aG_E, где покойный Аарон Руссо, друг члена Совета по международным отношениям Николаса Рокфеллера, также раскрывает, что журнал Глории Стайнем «*Ms. Magazine*» финансировался ЦРУ.

тенденции не будут легко обратимы в краткосрочной или среднесрочной перспективе. Если ростовщичество сохранится, то мир должен подготовиться к переживанию периода депрессии, подобного «Темным векам», который продлится веками.

В предыдущих главах было убедительно доказано, что государственная банковская система и эмиссия валюты суверенного государства являются единственными средствами обеспечения естественного порядка, гарантирующего гармонию, мир и процветание, основанные на этнической независимости всех народов.

Несмотря на многочисленные технологические достижения, последние 300 лет ознаменовались постепенным упадком западной европейской цивилизации. Чрезмерная концентрация власти и богатства, основанная исключительно на нечестных банковских методах, позволила небольшой клике преступных банкиров контролировать СМИ и систему образования и таким образом промывать мозги человечеству, столь же разобщенному, сколь и лишенному способности к размышлению, ослепленному поверхностным комфортом демократии и материализма, погружаясь при этом в оргию жестоких и бессмысленных войн с единственной целью — увековечить эту систему центрального банка, которая организует культурную деградацию, ведущую нас прямиком к собственному демографическому исчезновению.

Приложение

Письмо президента Авраама Линкольна

полковнику Э. Д. Тейлору

Чикаго

Иллинойс

Декабрь 1864

Полковник Э. О. Тейлор,

Я давно решил обнародовать историю происхождения «гринбэков» (зеленых банкнот) и заявить всему миру, что они являются творением Дика Тейлора. Вы всегда проявляли ко мне дружеское отношение в те трудные времена, которые мы пережили, и хотя я человек широких плеч и волевой, я был ослаблен и окружен настолько неблагоприятными обстоятельствами, что не знал, к кому обратиться. Затем, в крайней ситуации, я сказал себе: «Пошлем за полковником Тейлором; он знает, что делать». По-моему, это было в январе 1862 года, примерно 16-го числа, когда я так решил. Вы присоединились ко мне, и я спросил вас: «Что мы можем сделать? » Тогда вы сказали мне: «Почему бы не выпустить беспроцентные казначейские билеты, напечатанные на лучшей бумаге для банкнот. Выпустить их в количестве, достаточном для покрытия военных расходов, и сделать их законным платежным средством». » Чейз считал, что это рискованная затея, но в конце концов мы это осуществили и подарили народу этой Республики величайшее благословение из всех возможных — их собственные бумажные деньги для оплаты их собственного долга. Именно вам мы этим обязаны, отец нынешней «зеленой бумажки», о чем народ должен знать, и я с огромным удовольствием об этом рассказываю. Сколько раз я смеялся над вами, когда вы говорили мне, что я слишком ленив, чтобы быть кем-то другим, кроме адвоката.

С искренним уважением,

А. Линкольн.

Это рукописное письмо было проверено и задокументировано 10 февраля 1888 года 50-м Конгрессом США.

Банкнота **Федеральной резервной** системы – Плутократическая валюта, выпущенная частным банком Федеральной резервной системы США.

Банкнота США – Настоящая валюта, выпущенная правительством, которая находилась в обращении с 1862 по 1994 год. 4 июня 1963 года президент Джон Ф. Кеннеди издал Указ № 11110, который поручал Казначейству напечатать банкноты номиналом 2 и 5 долларов на сумму 4 миллиарда долларов, один из образцов которых приведен выше. Эти банкноты, обеспеченные серебром, хранящимся в хранилищах Казначейства, были выпущены без долга и без процентов; доход от сениоража поступал не в частную Федеральную резервную систему, а в правительство Соединенных Штатов. Эта эмиссия была частью долгосрочного плана Кеннеди по ограничению власти Федеральной резервной системы. 22 ноября 1963 года Кеннеди был застрелен в Далласе, штат Техас, убийцами, предположительно нанятыми Ротшильдом.

Критика Мэтью Джонсона

Одна из самых сложных вещей, которую трудно объяснить студентам американских университетов, — это то, что капитализм и коммунизм имеют больше общего, чем кажется. На самом деле, как бы это ни объясняли, старая песня о том, что эти две системы «противоположны», по-прежнему преобладает. Еще хуже то, что объяснять студентам и их озадаченным родителям, что американская банковская система и промышленные конгломераты финансировали Красную революцию в Советском Союзе и полностью построили советский промышленный комплекс, — это столь же безнадежное, сколь и раздражающее занятие.

Проще говоря, для современных банкиров государственный контроль над всей экономикой из одного центра — это то, что они считают раем. Существует только один план, одна банковская система и одна социальная система; это означает, что банки просто переправляют деньги, ожидая, что государство, а не экономика как таковая, выплатит им требуемые проценты. Другими словами, плановая экономика представляет собой наиболее привлекательную модель для банков. Нет необходимости устанавливать связи между частными банками и государственной экономикой. Для банкира работать на Партию так же просто, как и на Goldman-Sachs.

Капитализм и социализм основаны на материализме. Производство и полезность считаются благом, а эффективность методов — *непременным* условием этического созерцания. Обе системы ориентированы на технологию, исповедуют линейное видение истории и стремятся механизировать все аспекты человеческой жизни. По мере своего развития экономическая система и государство сливаются в единую машину. Ошибка либертарианцев всегда заключалась в том, что они верили, будто государство и частный капитал противостоят друг другу. Хотя верно как раз обратное. Большая концентрация капитала всегда тесно связана с государством, используя его одновременно в качестве защитного механизма и регулятора для поддержания значительно ограниченного доступа к рынку. Поражение Министерства юстиции в деле против Microsoft в 2010–2012 годах демонстрирует дисбаланс сил между частным капиталом и государством. Это может показаться темой, далекой от исследования банковской системы. Для типичного профессора политической экономии это действительно так. Но для тех, кто, как г-н Гудсон, в течение многих лет входил в состав правления

Центрального банка Южной Африки, академическая точка зрения, взятая в отрыве от реальности, кажется абсурдной. Г-н Гудсон был далек от изоляции и стал свидетелем того, как гигантские банковские конгломераты по всему миру установили жесткий контроль над экономической жизнью. Он был привилегированным свидетелем этого процесса.

Эта книга — не исследование экономических методов. К счастью, это историческое исследование. Гудсон осознает то, на что не способны большинство экономистов: чтобы понять экономическое явление, его нужно рассматривать как результат десятилетий исторического развития. Каждый аспект целого постоянно укрепляет общее видение, а целое само по себе, подобно организму, находится в постоянном развитии по мере того, как история ставит новые вызовы, рождает новые проекты и приносит новых жертв.

Другими словами, тайная жизнь банков — это не просто результат воли группы людей, собравшихся на острове у побережья Джорджии. Они сами были участниками исторического течения, уходящего корнями к первым месопотамским цивилизациям и достигшего своего апогея в Риме. Тот факт, что эта система всегда опиралась на одни и те же ценности, независимо от цивилизации, в которой она укоренилась, настолько впечатляет, что заслуживает глубокого анализа. Однако, учитывая политические последствия такой честности, г-н Гудсон был вынужден уйти в отставку, поскольку лишь немногие представители институционального мира удосужились бы упомянуть его работы, не говоря уже о том, чтобы присоединиться к ним.

Из этого исследования явно вырисовывается одна историческая константа: что основное различие между монархией и республиканизмом (в общем смысле) носит экономический характер. Республики обычно являются олигархическими формами правления, или, по крайней мере, содержат в себе зародыши олигархии. Монархии, находясь в постоянной войне со своей собственной аристократией, часто отвергают подозрения в олигархии. Будь то национал-социалистическая партия Китая или Беларуси, Королевский банк Санкт-Петербурга или централизованная диктатура эпохи Августина, любая форма сильного этатизма вела войну против банковской монополии. Ни один авторитарный лидер никогда не мирился с конкуренцией со стороны всемогущего экономического посредника. Конечно, есть несколько исключений с обеих сторон, но история ясно показывает, что сильные государства, основанные на традиционной власти, отвергают алхимию денег и ростовщичества.

Рим

Во времена Цицерона Рим уже быстро отходил от сенаторской олигархии, двигаясь к военной империи Суллы и его преемников. Непосредственным следствием, как только улеглась пыль гражданских войн, стало установление контроля над чеканкой монет и ростовщичеством. Юлий Цезарь стремился ограничить выплату процентов 1% в месяц и, в порыве популизма, редко встречавшемся в истории, запретил их сложение. Более того, любые накопленные проценты не могли превышать первоначальную сумму.

В Византии, Восточной Римской империи, проценты были официально ограничены 5%, и это было либо так, либо никак, но это можно было поддерживать только при правлении жестких императоров. Например, Василий II отверг любые проценты и заставил богатых землевладельцев помогать бедным крестьянам. Его власть, хотя и была всеобщей, обычно сталкивалась с сопротивлением аристократии, которая затем устанавливала в Константинополе марионеточных императоров. Однако при такой системе Восточный Рим обладал динамичной и популярной экономикой. Его валюта служила общим стандартом даже в таких отдаленных странах, как Китай. Крестьяне были свободными землевладельцами, а феодализма не существовало. Инфляции также не было, а процветающая торговля всегда благоприятствовала капиталу. Именно по этой причине олигархические государства-, такие как Венеция, Дубровник и норманнские захватчики Сицилии, постоянно финансировали врагов Рима.

После 1204 года, когда норманнские крестоносцы захватили Константинополь, установилось господство венецианских олигархов. Отказавшись от своей финансовой автономии в пользу регулярных вливаний венецианских денег, императоры XIV и XV веков обрекли Византию на гибель. Потеряв всякую экономическую независимость и видя, как огромные богатства Востока поглощаются выплатой процентов Италии, Византия в конце концов рухнула под натиском турецкого вторжения, финансируемого Италией, в 1453 году. Венеция стала безоговорочным союзником Турции.

Здесь нет никакой экономической загадки. Там, где ростовщичество строго контролируется, не существует постоянного оттока и накопления богатства в банковских центрах. Эта финансовая кровопотеря означает, что стоимость остается там, где она должна быть: у мелких предпринимателей и мелких землевладельцев. Без математического роста процентов достаточно было лишь небольшой части сегодняшнего труда, чтобы поддерживать денежную стабильность, необходимое снабжение и дворянство, вынужденное служить государству, а не пользоваться им. В современной системе ростовщичества централизация неизбежна, поскольку сложные проценты постоянно высасывают всю добавленную экономическую стоимость, чтобы она скапливалась в сундуках клики.

Англия

Англия ничем не отличалась. До норманнского завоевания англосаксонская Англия, даже после набегов викингов, переживала финансовый расцвет. И снова мелкие торговцы были нормой, городская торговля поддерживала низкие цены, а нехватка ликвидных средств препятствовала любой централизации. В условиях такой системы феодализм не мог существовать. Ростовщичество было запрещено в Мерсии при Оффе Великом, а отчаянная попытка Альфреда централизовать власть в Уэссексе против датчан также привела его к отказу от «услуг» банковской клики. Однако итальянские банки были очень заинтересованы в запланированном наступлении Вильгельма Завоевателя на оплот англосаксов и в устранении скандинавского влияния в Англии. В его свите находилась небольшая армия еврейских работорговцев, венецианцев и римских банкиров. Ростовщичество на время было разрешено при нормандской гегемонии. Прежняя английская аристократия была истреблена, и Вильгельм Завоеватель привёз новую знать, имевшую тесные связи с Италией. Так феодализм впервые появился на английской земле. Несколько веков спустя Ирландия также должна была познать блага нормандского прогресса.

Такой прогресс в эпоху короля Стефана привел к созданию банковской системы, взимавшей в среднем 33% процентов с заложенных земель и 300% с капитала. За два поколения более 66% английских земель оказались в руках еврейских и итальянских банкиров. Это может объяснить постоянную потребность империи Плантагенетов захватывать все больше французских земель.

Такова была судьба норманнской Англии вплоть до правления Эдуарда I(1307 г.), который последовал примеру византийцев (где после 1066 года служили многие англосаксы), строго ограничив проценты и их накопление. Изгнав банкиров из страны, он положил начало эпохе процветания, которая, к сожалению, была прервана чумой. Не случайно именно в тот момент, когда Византия уступила свой суверенитет Венеции в обмен на использование ее флота, Англия пошла в противоположном направлении, против Италии и Рима.

Начиная с правления Эдуарда I и вплоть до Великой чумы Англия процветала. Рабочий год состоял из 14 недель, что соответствовало периоду, достаточному для обеспечения самого необходимого. Церковный календарь в Западной и Восточной Европе предусматривал от 100 до 140 дней отдыха в году, не считая воскресений и периода после Пасхи. Разумеется, капитализм должен был вести безжалостную войну с церковью и искать одобрения протестантов, чтобы исключить праздничные дни из календаря. Правление мелких землевладельцев вернулось впервые со времен Эдуарда Исповедника. К сожалению, это было не последнее. Реформация, после того как влияние Лютера пошло на убыль, имела иные взгляды на деньги.

Как только Генрих VII стабилизировал Англию после Войны Алой и Белой розы, настало время подъема банков. Реформация и безнравственность Генриха VIII послужили необходимым оправданием. Реформация стала попыткой Стюартов начать централизацию власти после того, как представители старой аристократии переубили друг друга. Монастырские земли были секуляризированы, развился рынок недвижимости, а финансирование дальних торговых путей стало приоритетом. Генрих VII стал последним вздохом могущественного традиционного государства. От Генриха VIII до Эдуарда VI, а затем до Елизаветы к власти пришла новая олигархия, которой требовалась пышность монархии в качестве прикрытия. Очень скоро, как только она обрела уверенность в своей роли, ей понадобилась помощь Вильгельма Оранского, чтобы оправдать свое существование.

Испания, окончательно оттеснив ислам, стремилась избавиться от сефардов, традиционных союзников мусульманского халифата. Испанский национализм был неотъемлемой частью церкви и государства, являясь для обоих вектором очищения и возрождения. Переехав в Амстердам, сефарды восстановили свою банковскую штаб-квартиру, создав «базу» влияния, опирающуюся на четыре столпа: торговлю зерном из Прибалтики, банки Амстердама, Константинополя, турецкий рынок и, что наиболее важно, Польшу. Это было движением к современности, поскольку цены на зерно в Западе взлетели, вынуждая Восток экспортировать его все больше и больше.

При правлении Елизаветы и, безусловно, во время и после Английской революции врагом была Испания. Католическая Ирландия обратилась к Испании за помощью против грабежа гаэлов со стороны Англии, за что Кромвель наказал их с жестокостью, граничащей с геноцидом. Импорт серебра из Нового Света через Испанию угрожал господству банков. Банковская система финансировала голландское восстание против испанцев, в то время как мировая пресса не скупилась на чрезмерную риторику, чтобы осудить присутствие испанских войск в Северной Европе. Британские враги банковской элиты также обращались к Испании в надежде на возможную помощь.

После того как Карл I был побежден в 1645 году, а Кромвель установил свою военную диктатуру над Англией и Ирландией в 1653 году, банковский режим уничтожил своих врагов и укрепил свои позиции. Мирная оккупация Винчестера Вильгельмом Оранским 30 лет спустя означала, что банкиры теперь имели Англию в своем распоряжении, чтобы использовать её против Франции и Испании. Никого не удивит, что якобиты потратили столько времени и сил на то, чтобы атаковать банковскую элиту, которая так яростно захватила власть. Ни Джеймс I, ни Джеймс II не верили в «божественное право», равно как и не желали навязывать свою диктатуру. Только Кромвель стремился к этой чести. Тем не менее, Джеймсов обвиняли во всех возможных преступлениях. Джеймс проповедовал религиозную терпимость, а не «испанскую теократию», как позже утверждали виги. Партия вигов защищала систему ростовщичества и, как таковая, всегда была политическим движением, которое самым яростным образом стремилось к войне с Францией, Испанией и, в конечном итоге, с Россией.

Парламент, ставший к тому времени инструментом капитализма и империи, искал малейшего повода, чтобы отомстить Испании.

«Демократия» и «воля народа» считались тождественными интересам торговцев и купцов. Англия превратилась в олигархию. Католическим правителям навсегда должно было быть запрещено править в Лондоне, каким бы ни было стремление Джеймса к религиозной нейтральности. Война Вильгельма с Францией финансировалась всем банковским истеблишментом Амстердама, что было явно признано самим Вильгельмом Оранским, когда он пытался устроить брак со Стюартом, который должен был остаться бездетным.

Украина и Польша

Это, безусловно, не совпадение, что правление Кромвеля и медленный геноцид ирландских повстанцев и английских якобитов происходили одновременно с развитием противоположного движения на другом «полюсе» еврейской «торговой зоны». Рост населения Запада, а также постепенная централизация государств привели к росту спроса на зерно. Это означало, среди прочего, что дворянство было вынуждено усилить крепостное право над крестьянами и направлять большую часть продукции на экспорт.

Польская знать предоставила евреям монополию на сухопутную торговлю, городскую жизнь, рынок аренды и алкоголь. Все официальные исторические источники по истории Украины вынуждены это признать. Бессильная польская монархия пыталась вернуть себе власть, как это происходило и в других местах, через союз с городами. Считая это угрозой, польские дворяне противодействовали этому, принимая хазарских евреев, искавших новую родину после падения Италии несколько веков назад. Они не только нашли ее, но их официальная власть и успех достигли такой степени, что раввинские утверждения о том, что XVIIвек был «мессианской» эпохой, были весьма распространены. Фактически это был барабанный бой, возвещавший о приближении времени спасителя. Вместо этого они подверглись восстанию казацкого гетмана Богдана Хмельницкого. Восстание Хмельницкого было противоположностью восстания Кромвеля. Казаки сражались против давней олигархии, в то время как Кромвель стремился установить такую же.

Восхождение Хмельницкого в 1648 году стало единственным событием, навсегда определившим украинский национализм.

Ничто не осталось прежним. Польша едва не рухнула. Евреям пришлось бежать, чтобы спасти свои жизни. Крымские татары сумели освободиться от турецкого ига. Рим был в панике, поскольку его церкви, давно ассоциировавшиеся с ростовщичеством, были сожжены казаками, помнившими, что их строительство происходило столетие назад на руинах православных церквей. Еще не оправившись от Реформации, Рим теперь также столкнулся с угрозой своего искоренения на Востоке. Иерусалимский патриарх Паисий короновал гетмана Хмельницкого «Монархом всей Руси». Россия, Вена, Пруссия и Париж теперь были способны централизовать свою власть и бросить вызов Риму. У России были особые претензии к Риму, поскольку именно папство объявило крестовый поход против Северной Руси в 1256 году, финансировало монгольскую экспансию и назвало польское вторжение в Украину «священной войной». Хотя Париж и Вена оставались католическими, речь шла о национальном католицизме, при котором корону, а не Рим, начинала назначать архиепископов. Это не могло длиться вечно.

Рим устроил так, чтобы предложить крымчанам отказаться от православных славян. Смерть Германа Хмельницкого в 1657 году привела к расколу в казацкой армии между гетманами и двумя берегами Днепра. Гетманы Иван Выховский и Павел Тетерия искали союза с Польшей, Брюховецкий на востоке обратился к Москве, а Дорошенко, в отчаянии, отправился к туркам. В 1708 году гетман Иван Мазепа обратился к шведам. Последовала катастрофа, и среди украинских историков этот период называют «разрушением».

По мере того как Россия приближалась к Днепру, Вена забеспокоилась о потенциальной русификации большей части Восточной Европы (включая Балканы) и мобилизовала свои силы против нее. Обретя некоторую свободу действий, Польша вернула себе прежнюю стабильность, и дворянство вернулось в страну. Спустя столетие казацкое восстание Гайдамаков привело к немыслимому: заключению договора «вечной дружбы» (т. е. Андрусовского перемирия, 1667 г.) между Польшей и Россией, разделившего Украину на две отдельные империи. Восстание Гайдамаков было подавлено совместными усилиями Москвы и Кракова, и все вернулось к тому, как было до 1648 года.

Как и в Англии, при казацком правлении общество было разделено на графства, управляемые местной демократией, демонстрировавшей полное отсутствие интереса к ростовщичеству. Последовало типичное для развитие событий:

традиционные славянские общины возродились, что привело к политической и экономической стабильности. Медленная поддержка казацкой аристократии, финансируемой Санкт-Петербургом, привела к установлению олигархии, что позволило Екатерине II в середине XVIII века навсегда положить конец Гетманщине.

Соединенные Штаты

Децентрализованные колонии США в целом процветали. Обилие земель, отличные порты и сильный дух первопроходцев позволили создать процветающий мир практически из ничего. Когда Бенджамина Франклина спросили об этих явлениях, он высказал свою знаменитую мысль:

> «Все очень просто. В колониях мы выпускаем свою собственную валюту. Она называется колониальным скриптом. Мы выпускаем ее в соответствии со спросом промышленности и торговли, чтобы облегчить передачу товаров от производителей к потребителям. Таким образом, создавая сами свою бумажную валюту, мы контролируем ее покупательную способность, не платя процентов никому». (Бенджамин Франклин, Лондон, 1763 г.)

За исключением отвратительного Александра Гамильтона, отцы-основатели Америки, хотя и расходились во мнениях почти по всем другим вопросам, были едины в отношении банков. Это была сфера, вызывавшая отвращение. Стоимость доллара оставалась стабильной до 1917 года. Однако циклы пузырей и кризисов со времен Гражданской войны, огромное усиление федеральной власти, Первая мировая война и формирование американской империи помогли подготовить почву для создания частной клики Федеральной резервной системы в США. (Термин «федеральный» в данном случае следует понимать аналогично термину «Federal Express»).

Дело в том, что опасения антифедералистов были обоснованными: правительство США в Вашингтоне стало чрезвычайно могущественным, высокомерным и полностью оторванным от американского народа. Оно долгое время находилось под властью зарождающейся олигархии, которая вскоре приняла форму ФРС, империи Рокфеллеров, культа Карнеги и военного положения, испытанного во время испано-американской войны и в последние месяцы Первой мировой войны.

С 1914 по 1920 год цены выросли на 125%, как так хорошо описывает Гудсон. За шесть лет доллар потерял почти 60 % своей стоимости. В то же время стоимость федеральных казначейских облигаций упала на 20 %, что привело к удорожанию старых облигаций. Тем не менее банки требовали погашения новых, более дешевых облигаций, что, конечно же, означало, что деньги должны были быть выплачены.

Дополнительная нестабильность возникла, когда цены на железнодорожные и другие виды транспорта взлетели. Мелкие хозяйства, которые когда-то составляли основу американского процветания, постепенно становились экономически нежизнеспособными, а затем исчезали навсегда. Что на практике означало массовый перенос богатства из сельской местности в города. Сельскохозяйственное производство рухнуло на 50%. Война против сельской Америки была объявлена и еще не подошла к концу. Дефицит вскоре был восполнен агробизнесом, что стало возможным благодаря централизации кредитования, направленной на финансирование более крупных конгломератов, считавшихся более надежными структурами, чем мелкие предприятия.

В 1927 году ФРС снизила ставки и тем самым увеличила денежную массу. Но это было время «безумных лет», зарождение открытой олигархии, как уверенной в себе структуры, лишенной какой-либо серьезной оппозиции. Это означало, что деньги рассматривались как самостоятельная ценность, отделенная от реального производства. Деньги уходили на фондовый рынок, увеличивая спрос в десятки раз и раздувая цены. Маржи увеличивались за счет долга, а соотношение цены к доходу достигло 50:1, то есть цена акций значительно превышала производственную способность задействованного капитала. С другой стороны, цена акций не имела никакого отношения к финансовому здоровью соответствующих компаний, производительности капитала или труда, а также к получаемой добавленной стоимости.

Таким образом, в 1927 году американский фондовый рынок был обманом. Цены отражали спекулятивные инвестиции, легкие деньги и представление, которое остается психиатрической загадкой, что такой ложный рост будет длиться вечно. Финансовая жизнеспособность компаний не имела никакого значения. В 1929 году ФРС повысила процентные ставки до 6%. Сигнал был ясен: рынок акций в целом потерял 83% своей стоимости. 10 000 банков обанкротились, а брокеры, работавшие с пузырями, состоящими из долгов, были разорены.

Россия

Процветание и экономический рост в России начались с освобождения крепостных Александром II в 1861 году. Крепостные, находившиеся под прямым контролем государства, уже были освобождены царем Николаем I. Как это часто бывало, самые авторитарные монархи были единственными, кто имел смелость обойти элиту и ввести законы в пользу крестьян. В отличие от освобождения австрийских крепостных несколькими годами ранее и освобождения южных рабов Линкольном, русские крепостные получили землю одновременно со свободой. Государство выплатило компенсацию дворянству, и со временем крестьяне смогли выплатить компенсацию государству. Выплаты были очень низкими, и царь Николай II отменил их все в 1905 году. Это стало лишь еще одним гвоздем в гробе дворянства.

Русские крепостные никогда не были рабами. Крепостное право, возникшее в ответ на польские и шведские вторжения XVII века, затронуло лишь крестьян черноземных районов юга России. На севере и в Сибири его никогда не было. В Центральной России она затрагивала лишь крепостных, которые должны были выполнять определенные работы в качестве платы за оказанные услуги или потребляемые товары. Но с 1840 года большинство крестьян платили ренту, что означало, что они больше не были крепостными. Крепостное право в России действительно означало для крестьянина гарантию владения землей, необходимой для выживания, и в то же время гарантию стабильного дохода, поскольку они непосредственно служили государству, в частности, обеспечивая военную службу. Поскольку все были на службе у всех, система была сбалансированной. При царе Павле и его матери Екатерине II дворяне были освобождены от государственной службы и тем самым лишились политического влияния.

Крестьяне обладали самоуправлением в пределах общин, где все должности заполнялись путем проведения выборов. *Волость*, или уездная администрация, также избиралась с равным представительством всех социальных слоев. Судебная система на уровне *волостей* и общин основывалась на принципах чистой крестьянской демократии. Судьи общины были исключительно представителями крестьянства, а в *волостных* судах входили два дворянина и два представителя крестьян. В целом русское дворянство находилось в худшем финансовом положении, чем крестьянство: оно было обременено долгами и уже давно освобождено от государственной службы. Ей не оставалось ничего другого, как покупать западные предметы роскоши, не по карману. Крестьянские общины имели право отменять федеральные законы и, как правило, были полностью самодостаточными. Если Россия и страдала от чего-то, то это от избытка демократии!

В 1861 году *волость* была заменена *земством* — мощной системой уездов, наделенной нижней палатой из крестьян и верхней палатой из дворян, чаще всего бедных. *Земство* отвечало за образование, общественную инфраструктуру, церковную жизнь, сбор налогов и полицию. Не было ни одной сферы крестьянской жизни, которая не опиралась бы на местную демократию. «Земский капитан», обычно бедный дворянин, избирался для посредничества в конфликтах между крестьянами и дворянами, и иногда крестьяне обращались к капитану, если у них были какие-либо претензии к общине или *земским* властям. С политической точки зрения, начиная с 1850 года, дворяне стали политически бессильными.

Таким образом, освобождение крепостных и создание свободной прессы, *земств* и множество реформ в сфере образования положили конец революционному процессу, который почти полностью финансировался из Великобритании. Анонимная рука, посчитав это недопустимым, организовала убийство Александра II в 1881 году. Его сын, Александр III, продолжил программу реформ, начатую его отцом, и, будучи человеком сильной руки и решительным, подавил революционное движение вплоть до своей смерти в 1894 году.

Царь Александр III. в начале 1880 года учредил Земледельческий банк, который предоставлял крестьянам беспроцентные ссуды, поскольку он стремился направлять инвестиции на улучшение условий ведения сельского хозяйства. Царь Александр и его министр финансов Николай Бунге разработали и внедрили самое полное трудовое законодательство в европейской истории. Его сын, Николай II, постоянно его дополнял вплоть до начала Первой мировой войны.

> «Россияне были пионерами в области трудового права. Детский труд был отменен более чем на 100 лет раньше, чем это произошло в Великобритании в 1867 году. Россия стала первой промышленно развитой страной, принявшей законы, ограничивающие продолжительность рабочего дня на фабриках и в шахтах. Забастовки, которые были запрещены в Советском Союзе, были разрешены, но редко проводились во времена царя. Права профсоюзов были признаны в 1906 году, а инспекция труда строго контролировала условия труда на фабриках. В 1912 году было введено социальное обеспечение. Трудовое законодательство было настолько прогрессивным и гуманным, что президент США Уильям Тафт заявил: «Император России принял трудовое законодательство, более близкое к совершенству, чем в любой демократической стране». Народы разных рас, проживавшие в пределах Российской империи, пользовались равенством статуса и возможностей, не имеющим аналогов в современном мире. Его Императорское Величество царь Николай II (1894–1917) и его государственный банк создали рай для рабочих, не имеющий аналогов в истории человечества» (Гудсон).

Здесь нет никакой тайны. Немецкий император, столь же автократический, как и, принял аналогичные законы. В обоих случаях экономический рост в сельскохозяйственном и промышленном секторах составлял в среднем 15%. Число жителей резко возросло, и в случае с Россией крестьянам бесплатно предоставлялись земли и новые инструменты в южной Сибири (а не в замерзшей северной части), чтобы заселить эту обширную пустую территорию, площадь которой примерно в два раза превышала площадь США. В 1905 году 90% пахотных земель России находились в руках крестьян. Ни одно другое индустриальное общество не могло соперничать с этими мерами. Крестьяне массово скупали земли у дворян, поскольку Россия в то же время была полностью самодостаточной. Ее внутренний рынок покрывал почти 99% ее производства, и ей не требовались никакие товары из-за рубежа. Все, что она получила от Запада, — это революция…

Южнее Грузия просила у России защиты как щита от своих мусульманских соседей. XIII Далай-лама Тибета, Тхубтен Гьямцо, просил царя Николая II поставить его страну под защиту России, чтобы спасти буддийскую монархию от погружения в британский опиум. Многие русские служили наставниками тибетской знати и самого Далай-ламы. Россия считалась спасительницей всех, кто боролся с китайским и британским империализмом.

Царь Николай II был склонен начать войну с Маньчжурией, поскольку Китай держал под своим игом буддийское население запада и тибетцев. Несколько миллионов мусульман также находились под игом китайской Маньчжурии. Россию называли «Белым Спасителем», о котором давно пророчили китайские мудрецы. Открытие нефти в Баку, на территории современного Азербайджана, который в то время входил в состав Российской империи, только усугубило ситуацию в глазах британцев. Династия Ротшильдов объявила войну России, финансировала русских революционеров и, что более важно, способствовала созданию антироссийского альянса.

Альянс Ротшильдов был в основном создан в ответ на успехи России. Он основывался на финансировании Турции, тюркских племен на юге России, Персии и, что вызывало наибольшую тревогу, Японии. Турецкая оккупация Балкан получила одобрение Ротшильдов, поскольку без Турции пророссийские государства, такие как Сербия и Болгария, заполнили бы образовавшийся вакуум. Британская пресса поздравила турок с освобождением от «православного суеверия» и назвала русских «монголами», чьи «клыки» нужно держать подальше от Балкан.

Россия помогала финансировать Болгарию и Сербию, стремясь объединить Китай после падения Маньчжурского государства. С ее косвенным протекторатом над Тибетом и присоединением образованной и урбанизированной Грузии начало устанавливаться неустойчивое равновесие сил между раем банкиров и раем рабочих. К сожалению, Япония оказалась более выгодной ставкой, чем Китай. Россия поддерживала Афганистан против Англии в англо-афганской войне 1879–1880 годов, но это оказалось не столь эффективным, как перевооружение Японии под эгидой Королевского флота.

Если бы Россия не участвовала в Первой мировой войне, каким был бы результат? Реалистичный сценарий выглядел бы так: быстро растущее российское население заселило бы всю Сибирь и часть Центральной Азии. Россия захватила бы Балканы и Константинополь, вероятно, с благословения Германии. Это позволило бы России овладеть большей частью Ближнего Востока или, по крайней мере, стать защитницей православных греков и арабов. Германия поняла бы выгоду союза с Россией, а не с Веной. Российские и немецкие интересы, их идеологические и политические системы были очень схожи. Союз России со своим давним врагом, Англией, не имел большого политического смысла для России, но сдерживание немецкой экспансии было приоритетом Лондона с 1910 по 1913 год. Германия осознала, что ее союз с Австро-Венгрией заставит ее участвовать в любом конфликте, в который будет вовлечена Вена. Это не отвечало бы интересам Германии. Низкая боеспособность Австрии в ходе войны, а также нестабильность ее экономики заставили Германию разделить свои военные силы на два фронта.

Растущие нефтяные ресурсы России, ее огромные запасы природных ресурсов, внутренний рынок и промышленный капитал позволили бы ей финансировать протекторат над Китаем и, безусловно, над всей Юго-Восточной Азией. Большая часть Центральной Азии, находившаяся под китайским контролем, также перешла бы под защиту России, если бы не ее оккупация. По сравнению с английским колониализмом, российская экспансия никогда не была эксплуатацией, а была защитой.

Этот рынок, этот экономический рост и постоянное увеличение населения привлекли бы к России остальные мировые державы. С военной точки зрения она считалась бы неприступной. Ориентированная скорее на Восток, чем на Запад, она не представляла бы угрозы для европейского баланса сил. Союз с Германией закрепил бы судьбу Европы как роялистской, традиционной и христианской державы. Вена оказалась бы бессильной и таким образом начала бы улаживать свои разногласия с Германией, поскольку немцы империи стремились бы сблизиться с ней, а славянское население обращалось бы к России. Разгневанная и экспансионистская Венгрия никогда бы не смогла возникнуть, поскольку постоянно находилась бы в состоянии войны со своими не менее разгневанными меньшинствами.

Православная Церковь нашла бы добровольного союзника в лице немецкого (роялистского) лютеранства и растущего старого католического движения. Если бы Россия и Греция присоединились к этому расколу с Римской Церковью, как и предполагалось, старая Католическая Церковь значительно бы укрепилась. Уже тогда среди консервативных англиканцев и некоторых лютеран наблюдался растущий интерес к православной традиции.

Большая часть Западной Канады перешла бы под контроль России благодаря населению Аляски, чьи позитивные взаимоотношения с жителями Алеутских островов превратили Россию в желанного, а не империалистического игрока. Российские компании уже присутствовали на Гавайях и, вероятно, защитили бы их монархию. США финансировали свержение гавайского королевского дома. Учитывая хороший имидж России в большей части Азии, нет никаких оснований полагать, что гавайский королевский дом (и другие тихоокеанские государства) не рассматривали бы также преимущества наличия далекого, но могущественного покровителя.

Русский империализм не был нацелен на извлечение прибыли, как империализм Британской империи. Он носил оборонительный характер. Коренное население, как правило, хорошо обращались, и, как в случае с армянами и мусульманами Азии, его никогда не заставляли принимать православие или говорить по-русски. Они присягали на верность царю и на Коран. Польше была предоставлена одна из самых либеральных конституций в мире, а Финляндия, еще одна колония России, оставалась полностью независимой, за исключением вопросов внешней политики. Таким образом, нет никаких оснований утверждать, что правление Российской империи могло вызывать хоть малейшее недовольство или даже рассматриваться как «господство» в прямом смысле этого слова.

Сегодня это кажется едва ли возможной фантазией. Но в течение некоторого времени, до кровавой бойни Первой мировой войны, это считалось вполне реальной перспективой в Санкт-Петербурге и Лондоне. Гудсон дает представление о том, как это могло бы произойти:

> «12 июня 1860 года был основан Государственный банк Российской империи с целью стимулирования торговых доходов и укрепления денежной системы. До 1894 года он был лишь вспомогательным учреждением, находившимся под прямым контролем Министерства финансов. В том же году он был преобразован в «банкира банков» и стал инструментом экономической политики правительства. Он чеканил и печатал монеты и банкноты страны, регулировал денежную массу и через сеть коммерческих банков предоставлял промышленности и торговле кредиты под

низкие проценты» (Гудсон об Александре II).

Противники «Pax Russica» не оставались в стороне. Санкт-Петербург, несмотря на все свои проблемы, оставался прочным ядром, которое банковский режим не мог сломить. Если бы Россия продолжила свое массовое развитие, рост населения и индустриализацию, ростовщичество было бы уничтожено. Российское государство, в большей степени, чем частный капитал, планировало и направляло инвестиции за счет местных средств. Французы составляли единственное значительное иностранное присутствие в российской промышленности. Если бы его заменили проекты российско-германского сотрудничества, ростовщичество оказалось бы под серьезной угрозой. Необходимо было принять меры. Чтобы дать читателю представление о том, какими они могли быть, Гудсон цитирует речь члена Конгресса Л. Т. Макфаддена в Палате представителей в 1932 году:

> «Они [«европейские» банкиры] финансировали массовые митинги Троцкого в Нью-Йорке, чтобы сеять недовольство и бунт. Они оплатили поездку Троцкого из Нью-Йорка в Россию, чтобы он мог принять участие в разрушении Российской империи. Они подстрекали и спровоцировали Русскую революцию и предоставили Троцкому значительные суммы в одном из своих банковских филиалов в Швеции, чтобы через него полностью разрушить русские семьи и разлучить русских детей с их естественными опекунами. С тех пор они начали свое дело по разрушению американских семей и рассеянию американских детей».

Макфадден был заставлен замолчать. То же самое произошло с г-ном Гудсоном. Автор лишился университетской должности. Нет темы более деликатной, чем ростовщичество, поскольку ни одна власть не может сравниться с силой сложных процентов. Левые являются порождением банков, как и большая часть «правых» неоконсерваторов. Монархия была свергнута этими интересами и заменена мировой олигархией, контролирующей, по разным данным, до 80% мирового ВВП. Разумеется, все это существует во имя свободы, прогресса и демократии.

Мы начали этот длинный очерк с понятия ростовщичества и того факта, что западный банковский сектор прекрасно уживается с левым этатизмом. Мы рассмотрели этот вопрос со всех сторон, объяснив, почему и как возник этот демонический союз. Он по-прежнему актуален и практически не встречает сопротивления. Тем не менее, реакция на постепенную монополизацию богатства и труда существует, хотя и является довольно слабой.

Гудсон не заканчивает на негативной ноте. Он завершает свое изложение кратким обзором ситуации в Северной Дакоте. Как будто читателю нужны дополнительные доказательства разрушительных тенденций ростовщичества и системы частичных резервов. Северная Дакота учредила государственный банк, в котором хранятся доходы штата. Он предоставляет ссуды под очень низкие проценты фермерам и малым предприятиям. Вся прибыль возвращается штату. Без этой практики начисления сложных процентов на счет граждан Северная Дакота не пострадала от кризиса на рынке недвижимости 2007 года. ВВП штата вырос почти на 100% с 1997 года, в то время как доход на семью за тот же период увеличился на 140%.

Хотя СМИ отстаивали идею, что успех Северной Дакоты был исключительно обусловлен ее небольшой нефтяной промышленностью, такого рода развитие явно не произошло на Аляске, которая, тем не менее, обладает гораздо большими запасами углеводородов, чем Северная Дакота. Нигерия утопает в нефти, и тем не менее остается бедной страной. Сомали и Чад также обладают реками нефти, как и Индонезия, Мьянма, но все эти государства столь же бедны. По-видимому, нефть приносит пользу только Северной Дакоте и «Светлячкам Беверли-Хиллз».[315]

Главная сила книги Гудсона — это ее актуальность. Он отстаивает тезис: там, где государственный банк управляет финансовой сферой экономики, эта экономика процветает. Его анализ Германии 1930-х годов, Италии начала 20века, а также Японии показывает все эти страны под эгидой контролируемых государством банков, с низкими процентными ставками, государственными инвестициями и всеобщим пренебрежением к либертарианской свободной торговле. Эта система позволила этим странам достичь трехзначных темпов роста, нулевой безработицы и инфляции, близкой к нулю. В наши дни Китай, Тайвань и Беларусь являются лучшими примерами этого.

Беларусь, как и Украина и Россия, начала приходить в упадок, когда МВФ и Гарвардский университет помогли этой мафиозной

[315] Примечание переводчика: отсылка к известному американскому телесериалу.

системе заключить соглашения о приватизации, что в конечном итоге вынудило одного из их президентов, Александра Лукашенко, остановить приватизацию, централизовать власть и национализировать финансовый сектор. В то время как современная Украина потеряла 70% своей промышленности и видит, как 80% ее образованного населения опускается ниже черты бедности, уровень безработицы в Беларуси составляет 1%, а ее промышленность демонстрирует годовой рост на уровне 10% с 2000 года. То же самое касается двух Китаев: когда Джордж Сорос спровоцировал два валютных кризиса 1997 года, единственными двумя экономиками, которые не пострадали, были те, где банки находились под государственным контролем, а именно Тайвань и Китай. Такие бывшие державы, как Южная Корея и Япония, а также Таиланд, стали официальными пешками МВФ. Их система пожизненно гарантированной занятости была упразднена, а уровень жизни резко упал.

До войны, которая опустошила их страны, Ливия и Сирия также демонстрировали двузначный годовой рост, имели популярных президентов, и обе страны были близки к достижению статуса развитого мира. Обе страны имели банки, контролируемые государством, и продуктивные инвестиции, управляемые государством. Государство было партнером в стратегических инвестициях, а не их продолжением. Ирак Саддама Хусейна делал точно то же самое, пока США не объявили ему войну.

Государственный банк Бирмы находится под контролем Министерства финансов, возглавляемого генерал-майором Хла Туном, получившим финансовое образование на Западе. Его заместителем является полковник Хле Све. Бирманцы не оставляют никаких шансов иностранному вмешательству в управление своей валютой. Бирманская земля, богатая нефтью и полезными ископаемыми, связи Бирмы с Китаем и высокий уровень образования ее населения все больше делают страну мишенью для западной спекуляции и политических атак. Несмотря на гражданскую войну, западные санкции и сепаратистские движения, стране все же удалось построить 10 университетов, несколько десятков плотин, повысить уровень грамотности до 80% и обеспечить крестьянам право владения собственной землей с 1999 года. Если читатель узнал в этом некую экономическую модель, он, безусловно, прав.

Работы Гудсона не лишены недостатков. Однако его ошибки незначительны. Он утверждает, что Гаврило Принцип был евреем и что его убийство эрцгерцога Фердинанда спровоцировало Первую мировую войну. Принцип не подозревался в том, что он еврей, в частности потому, что он происходил из глубинки Западной Боснии, из бедной крестьянской деревни Обляй, совершенно сельского и труднодоступного места. Он был ребенком бедных крестьян боснийско-сербского происхождения. Девичья фамилия его матери была весьма православной: Мисич. Ни у его отца, ни у матери не было еврейских имен, а скромная работа отца на почте явно не свидетельствует о принадлежности к «элитарной банковской среде». Принцип был членом движения «Молодая Босния», имевшего отдаленную связь с военным обществом «Черная рука», также известным под названием «Союз или смерть». Это была националистическая организация, состоящая из членов военизированных формирований, не имевшая никакой связи с немногими евреями, прожившими в Сербии в то время. Его расширенная семья носит фамилию Йовичевич и родом из Черногории, где евреев очень мало.

Убийство Фердинанда не стало причиной Первой мировой войны. После убийства Сербия пошла на уступки Вену, и Германия также была впечатлена стремлением Сербии к сохранению мира. Сербия была полностью истощена Балканскими войнами и не хотела больше воевать. Кроме того, выбор цели не имел никакого смысла; Фердинанд был более или менее популярен среди южных славян, поскольку считался самым просербским членом королевской семьи. Австрия, с другой стороны, искала *повод для войны* с момента местного восстания против ее оккупации Боснии и искусственного создания «государства Албания», которое служило для отрезания Сербии от побережья и удерживало ее в отделении от Черногории.

Обстоятельства визита великого герцога были странными. Фердинанд посещал Сербию и Боснию в день сербского национального праздника *Видовдан*, когда националистические настроения были на пике. Это было также началом крайне воинственных военных маневров. Фердинанд не имел охраны, соответствующей королевскому визиту на враждебную территорию. Маршрут кортежа Фердинанда был необъяснимым образом изменен его собственным австрийским персоналом, и он оказался там, где его ждали Принцип и другие. Однако, к большому сожалению Германии, еще до получения сербского ответа на австрийский ультиматум Вена уже объявила войну.

Эти две ошибки не имеют большого значения, но они типичны и

понятны, и их следовало подчеркнуть. Это нисколько не умаляет огромной доступности и полезности его книги, которая заслуживает широкого распространения. По всем этим причинам я от всей души одобряю работу г-на Гудсона.

Мэтью Джонсон, доктор философии
Фейетвилл, Пенсильвания

Рецензия Тома Суника

В европейском народном сознании деньги всегда ассоциировались с чем-то грязным, преступным, недостойным европейца, чем-то, что ценилось лишь чужеродным, далеким и таинственным народом. С древности и до постмодерна были написаны тонны книг о проклятии денег и проклятом золоте. Стоит вспомнить о царе Крезе или проклятии царя Мидаса, или же о всеобщей бойне в средневековой саге о Нибелунгах, история которой вращается вокруг спрятанного в Рейне золота и страданий, вызванных этим золотом.

Как напоминает нам Гудсон в своей книге, одержимость виртуальной валютой и практика ростовщичества, а также роль золота сегодня ничуть не утратили своего смертоносного характера. На самом деле многие современные финансовые транзакции и многие мошеннические мировые экономические практики, вызванные этой жаждой золота, стали даже еще более смертоносными, угрожая на этот раз не только выживанию западной цивилизации, но и всего человечества.

Прежде всего, следует четко установить, что Гудсон не является приверженцем теорий заговора, ни одним из тех интеллектуалов, бросающих гнев на евреев, чья проза часто наносит больше вреда, чем дает реального просвещения читателю, желающему ознакомиться с информацией о вымышленной природе денег и их гораздо менее вымышленных создателях. По всем этим причинам Гудсон может ссылаться на свои неоспоримые авторитеты в отношении темы, анализируемой в этой книге. Он был членом Совета директоров SARB (Южноафриканского резервного банка), обладая многолетним опытом в банковской сфере, или, говоря менее прилично, он был привилегированным наблюдателем за финансовыми операциями между инсайдерами. Как возможно, что в нашем якобы лучшем из демократических миров, мире, гордящемся прозрачностью и судебной свободой, большинство граждан не имеют ни малейшего представления о том, кто такие — акционеры основных центральных банков, таких как Федеральная резервная система в США и многие другие по всему миру? Гудсон на фактах демонстрирует, как Федеральная резервная система США не имеет ничего общего ни с государством, ни с духом демократии в Соединенных Штатах, но на самом деле полностью служит анонимной корпорации, преступному синдикату, состоящему из всемогущих финансистов. Это, безусловно, не случайно, что с момента лопнувшего так называемого «пузыря на рынке недвижимости» в США в 2008 году ни одно крупное банковское учреждение, будь то Goldman Sachs или J. P. Morgan, не было привлечено к ответственности за печатание фальшивых денег или выдачу нереальных кредитов. Можно сказать, что все они умыли руки.

Из книги Гудсона проступает замечательное знание политических и социальных обстоятельств Древнего Рима, Англии Кромвеля или Германии Веймарской республики. Таким образом, эту работу нельзя просто отбросить как вульгарную антисемитскую брошюру. Именно беспристрастный тон Гудсона, охватывающий различные исторические периоды, делает эту книгу не только научным трудом, но и освежающим чтением для новичка, желающего узнать больше о мистике денег.

Ростовщичество, кажется, всегда было в центре социальных восстаний и войн. Древний Рим не раз страдал от его последствий, что в конечном итоге привело к его падению. Гудсон описывает экономические и социальные реформы Цезаря, государственного деятеля, его введение первой системы социального обеспечения, отмену арендной платы для многих римских граждан, оказавшихся в затруднительном положении, и, наконец, запрет на взимание процентов по уже существующим займам. Римская империя пережила краткий период расцвета. Однако многие аристократы не могли терпеть великодушие Цезаря по отношению к бедным и решили убить его. Ростовщики, большинство из которых были иностранцами еврейского происхождения, вместе со своими раболепными языческими приспешниками, по-видимому, стали той передающей цепью, которая привела к этой коррупции и упадку западной цивилизации.

Подобная модель экономического роста и упадка прослеживается в процессе разработки и принятия знаменитой Великой хартии вольностей в средневековой Англии, главной целью которой было ограничить гнет первых еврейских ростовщиков и отменить ростовщичество. Действительно, несколько десятилетий спустя, в 1290 году, за введением в действие последовала изгнание евреев из Англии. Внимательный читатель может задаться вопросом, почему так много классических авторов, а также множество обычных неграмотных граждан на протяжении веков всегда обвиняли евреев во всех социально-экономических бедах и почему евреи так часто становились жертвами жестоких преследований? Далекий от того, чтобы вступать на путь ненавистнических или клеветнических высказываний в адрес евреев, автор точно документирует чрезмерно высокий процент евреев, занимавшихся ростовщичеством — деталь, которая исторически способствовала их трагической судьбе.

Автор ни в коей мере не умаляет влияние новых теологических и политических течений, в частности, появление кальвинизма и зарождение нового менталитета в XVI и XVII веках в Европе, а также американских лидеров общественного мнения и политиков. Учения Кальвина о предопределении и важности социальной роли, которую он приписывал купцам, оказали огромное влияние на политическую жизнь в Европе и в недавно открытой Америке. Купец и ростовщик стали в некотором смысле новыми образцами в политике и финансах, людьми, поведение которых должно было подражаться и использоваться неевреями в качестве сверх-Я. Это подражание евреям со стороны язычников, посредством первоначального кальвинизма и пуританства, быстро распространилось, сначала в капиталистической Америке, а позже, особенно после Второй мировой войны, в континентальной Европе. Гудсон показывает, как фанатичный английский кальвинист-революционер Оливер Кромвель считал себя «избранным», а не просто обычным шаббат-гой. Вскоре после казни короля Карла I Кромвель вновь открыл двери Англии, чтобы тепло принять евреев.

Автор также, похоже, проливает интересный свет на уровень жизни простых людей в средневековой Англии — стране, качество жизни в которой по многим аспектам было гораздо выше, чем в наших современных обществах. В XIV и XV веках простолюдины работали менее 14 недель в году. Если мы будем судить о качестве жизни и счастье по количеству розеток и сумме на банковском счете, мы никогда не сможем понять истинный смысл счастья. Однако во многих случаях так называемый «темный век» Англии и континентальной Европы выглядит гораздо светлее, чем наш собственный нынешний «темный век». Большая часть архитектуры той эпохи была прямым выражением народной радости, когда стремление к духовной трансцендентности было гораздо более востребованным, чем мимолетная блаженность современной системы, в которой накопление денег стало новой светской религией.

Затем пришли плохие новости. В 1694 году был создан Банк

Англии, ставший моделью, по которой были созданы все остальные центральные банки Европы, а позже и США. Вскоре после этого началось то, что современные историки называют «модернизмом», что на самом деле означает порабощение народов. Английские финансисты не одобрили то, что первые американские колонии выпускали собственную валюту и проявляли враждебность по отношению к Банку Англии. Попытка Англии отменить американскую валюту также стала одной из главных причин Американской революции. В значительной степени процветание, которое пережила Америка в XIXвеке· было обусловлено именно отсутствием центрального банка. Мы никогда не должны забывать, как напоминает автор, что президентская кампания Эндрю Джексона велась под лозунгом: «ГОЛОСУЙТЕ ЗА ЭНДРЮ ДЖЕКСОНА, НЕТ БАНКУ! » Неблагоприятным годом для США, как и для всего мира, стал 1913 год, когда был создан Федеральный резервный банк, что косвенно ввергло западный мир в две последующие мировые войны, а затем в сотни других локальных войн по всему миру.

Ситуация не лучше и для американских граждан. Хотя с 1919 года они стали гражданами, которым завидуют, как жителям мировой сверхдержавы, к 2014 году государственный долг вырос с 2,6 миллиардов до 17,5 триллионов долларов. Никто не хочет заявлять об этом публично, но большинство американцев и западных граждан не живут в кредит, а скорее борются и прозябают, оплачивая собственную смерть ежемесячными платежами. Время великого краха и конца белой расы, без сомнения, приближается.

Автор описывает аналогичные и различные формы банковской практики, действующие в других частях Европы, а также появление большевистской России, в значительной степени финансируемой еврейскими банкирами из Нью-Йорка. Достоинство этой книги в том, что она рассматривает банковскую среду не с чисто манихейской точки зрения, а всегда ищет нюансы между этими двумя крайностями. Похвально, что Гудсон также упоминает немецкого экономиста Готфрида Федера, который сам был одним из самых ярых критиков ростовщичества и сложных процентов в Веймарской Германии. Проблема с «Федером» заключается в том, что этот известный экономист некоторое время был связан с национал-социализмом, что может вызвать скрип зубов и нахмуривание бровей у некоторых, даже среди самых беспристрастных читателей книги Гудсона. Как сегодня, в нашей политически корректной среде университетской цензуры, можно извлечь что-то положительное из высказываний национал-социалистического ученого? Поскольку национал-социализм сегодня официально изображается как символ абсолютного зла, он никогда не должен содержать ничего, что можно было бы принять как относительно хорошее — даже в таких аполитичных сферах, как спорт, экология или, тем более, экономика. Федер проводил свои исследования, основываясь на изучении военных репараций, наложенных на Веймарскую Германию победителями Первой мировой войны. Он пришел к выводу, что выплата сложных процентов обнищает граждан и вызовет массовую безработицу. Выводы Федера идеально применимы к современности, особенно если мы хотим подумать о возможных решениях проблемы огромного государственного долга всех западных стран.

На более оптимистичной ноте автор упоминает невероятный успех американского штата Северная Дакота, благодаря которому он стал самым динамичным штатом с самым низким уровнем безработицы в США. Остается только гадать, как Северная Дакота переживет надвигающуюся бурю. До тех пор, пока официальные академические круги и СМИ будут избегать упоминания о корне проблемы надвигающегося финансового хаоса, США, а также их европейские сателлиты, будут лишь перескакивать от одной катастрофы к другой.

Д-р Томислав Сунич
Загреб, Хорватия

Библиография[316]

Д. Дж. Амос, *«История Банка Содружества»*, Veritas Publishing Company Pty Ltd, Буллсбрук, Западная Австралия, 1986.

А.Н. Андреадес, *«История Банка Англии»*, P.S. King & Son Ltd, Лондон, 1935.

Х. К. Армстронг, *«Серый сталь: Дж. К. Смутс — исследование высокомерия»*, Arthur Barkers Ltd, Лондон, 1937.

Д. Астл, *«Вавилонское горе»*, Omnia Veritas Ltd, 2015.

Д. Астл, *«Счетные палочки»*, *«Запутанная история»* и *«Начало и конец»*, частное издание, Торонто, 1997.

П.Т. Бауэр, *«Равенство, третий мир и экономические иллюзии»*, Harvard University Press, Кембридж, Массачусетс, 1981.

И. Бенсон, *«Сионистский фактор»*, The Noontide Press, Коста-Меса, Калифорния, 1992.

К. Болтон, *«Банковское мошенничество — создание денег и государство»*, Black House Publishing Ltd, Лондон, 2013.

У. Д. Боуман, *«История Банка Англии»*, Herbert Jenkins Ltd, Лондон, 1937.

Э. Х. Браун, *«Паутина долгов: шокирующая правда о нашей денежной системе и о том, как мы можем освободиться»*, Third Millenium Press, Батон-Руж, Луизиана, 2008.

Г. Бьюкенен, *«Моя миссия в России и другие дипломатические воспоминания»*, Cassell and Company Limited, Лондон, 1923.

Х. С. Чемберлен, *«Основания девятнадцатого века»*, The Bodley Head, Лондон, 1912, т. II.

К. Чазан, *«Евреи средневекового западного христианского мира 1000–1500»*, Издательство, Кембриджский университет, Нью-Йорк, 2008.

А. Череп-Спиридович, *«Тайное мировое правительство, или «Скрытая рука»*, Антибольшевистское издательское объединение, Нью-Йорк,

[316] Примечание редактора: Большинство ссылок, приведенных здесь, относятся к англоязычным изданиям, за исключением тех случаев, когда существует французская версия, что в соответствующих случаях отмечено звездочкой.

1926.

О.П. Читвуд, *Джон Тайлер — поборник Старого Юга*, Russell & Russell, 1964.

У. С. Черчилль, «*Шаг за шагом, 1936–1939*», Odhams Press, Лондон.

У. С. Черчилль, *«Вторая мировая война», «Надвигающаяся буря», т. I*, Cassell & Co. Ltd, Лондон, 1948.

Г.М. Куган, *«Создатели денег: кто создает деньги? Кто должен их создавать?»*, Omni Publications, Хоторн, Калифорния, 1963.

И.М. Кампстон, *Лорд Брюс из Мельбурна*, Longman Cheshire, Мельбурн, 1989.

У. Каннингем, *«Рост английской промышленности и торговли в раннем и среднем веках»*, Cambridge University Press, 3-е издание, 1896.

*Л. Дегрель, *«Гитлер, родившийся в Версале»*, т. I из серии «Век Гитлера», «Искусство и история Европы» (1987).

А.Дж. де Грюнд, *«Фашистская Италия и нацистская Германия: «фашистский стиль правления»*, Routledge, Лондон, 2004.

Ф. В. де Клерк, *«Последний поход — новое начало. Автобиография»*, Human & Rousseau, Кейптаун, 1998.

А. Дель Мар, *«История денег в Америке с древнейших времен до принятия Конституции»*, Omni Publications, Хоторн, Калифорния, 1936.

А. Дель Мар, *«Деньги и цивилизация: или история денежных законов и систем различных государств со времён темных веков и их влияние на цивилизацию»*, Omni Publications, Хоторн, Калифорния, 1975.

Э. де Маре, *«Вопрос жизни или долга»*, Humane World Community, Inc., Оналаска, Вашингтон, 1991.

Р. Э. Эллетсон, *«Денежная параметрика: исследование на примере Третьего рейха»*, Christian International Publications, Уилсон, Вайоминг, 1982.

С. Фэй, *«Портрет старой дамы»*, Penguin, Лондон, 1987.

Г. Федер, *«Программа НСДАП: Национал-социалистическая немецкая рабочая партия и ее общие концепции»*, перевод Э.Т.С. Дагдейла, Fritz Eher Verlag, Мюнхен, 1932.

Н. Фергюсон, *«Дом Ротшильдов», «Пророки денег 1798–1848»*, т. 1 и т. 2, Penguin Books, Лондон, 1999.

Г. Ферреро, *«Величие и упадок Римской империи»*, т. VI, William Heinemann Ltd, Лондон, 1908.

А.Н. Филд, *«Правда о кризисе — о чем не говорят в новостях»*, частное издание, Нельсон, Новая Зеландия, 1935.

А.Н. Филд, *«Все эти вещи»*, Omni Publications, Хоторн, Калифорния, 1936.

*Н.Г. Финкельштейн, *«Индустрия Холокоста: размышления об эксплуатации страданий евреев»*, La Fabrique, 2001.

И.Н. Фишер, *«Стемп-скрип»*, Adelphi Publishers, Нью-Йорк, 1933.

Дж. К. Гэлбрейт, *«Эпоха неопределенности»*, Houghton Mifflin, Бостон, 1977.

Т.Х. Годдард, *«История банковских учреждений Европы и Соединенных Штатов»*, H.C. Sleight, Нью-Йорк, 1831.

Р. Голлам, *«Банк Содружества Австралии: истоки и ранняя история»*, Издательство Австралийского национального университета, Канберра, 1968.

О. и Дж. Грубиак, *«Гернсийский эксперимент»*, Distributionist Books, Лондон, 1992.

А. Гитлер, *«Моя борьба» (Mein Kampf)*, Omnia Veritas Ltd.

«Беседы за столом Гитлера», под редакцией М. Бормана, Ostera Publications, 2012.

Отчет профессора Пита Хоека доктору Х.Ф. Вервурду, 1965.

Д.Л. Хогган, *«Насильственная война: когда мирная ревизия провалилась»*, Институт исторического пересмотра, Коста-Меса, Калифорния, 1989.

Э. Холлоуэй, *«Как Гернси победил банкиров»*, Клуб и Институт экономических реформ, Лондон, 1958.

Р.К. Хоскинс, *«Циклы войны – циклы мира»*, The Virginian Publishing Company, Линчбург, Вирджиния, 1985.

«Неудобная история», том V, 2013, HBB Press, Сан-Исидро, Калифорния, 2013.

Ф. Дж. Ирсиглер, *«На седьмой день они создали инфляцию»*, Винберг, Кейп, Южная Африка, 1980.

Д. Ирвинг, *«Война Черчилля: борьба за власть»*, Veritas Publishing Company Pty Ltd, Буллсбрук, Западная Австралия, 1987.

Д. Ирвинг, *«Путь войны: Германия Гитлера 1933–1939»*, Macmillan, Лондон, 1978.

Д. Ирвинг, *«Нюрнберг: последняя битва»*, Focal Point Publishers, Лондон, 1996.

«Деньги и банковское дело в Японии», Департамент экономических

исследований Банка Японии, перевод С. Нисимура, под редакцией Л.С. Преснелла, Macmillan, Лондон, 1973.

Э. М. Джозефсон, *«Заговор Федеральной резервной системы и Рокфеллеры»*, Chedney Press, Нью-Йорк, 1968.

Х.С. Кенан, *«Федеральный резервный банк»*, The Noontide Press, Лос-Анджелес, 1968.

А. Китсон, *«Мошеннический стандарт»*, Omni Publications, Хоторн, Калифорния, 1972.

Г. Кнупфер, *«Борьба за мировую власть, революция и контрреволюция»*, The Plain-Speaker Publishing Company, Лондон, 1971.

Дж. М. Ландовски, *«Красная симфония»*, перевод Г. Кнупфера, www.archive.org/details/RedSymphony

**«Красная симфония»*, Omnia Veritas Ltd, 2015. www.omnia-veritas.com

Письма Т. Э. Лоуренса под редакцией Д. Гарнетта, Jonathan Cape, Лондон, 1938.

К.А. Линдберг, *«Экономический кризис» (Линдберг о Федеральной резервной системе)*, The Noontide Press, Коста-Меса, Калифорния, 1989.

Ф. Лейхтер, *«Отчет Лейхтера: конец мифа», Инженерный отчет о предполагаемых газовых камерах в Освенциме-Биркенау и Майданеке, Польша,* Дэвид Кларк, 1988.

Д. Марш, *«Бундесбанк: банк, управляющий Европой»*, William Heinemann Ltd, Лондон, 1992.

«*Сборник речей конгрессмена Луиса Т.* Макфаддена», Omni Publications, Хоторн, Калифорния, 1970.

С. Макинтайр, *«Краткая история Австралии»*, Cambridge University Press, Мельбурн, 2009.

Н. Мюлен, *«Маг Гитлера: Шахт. Жизнь и займы доктора Хьялмара Шахта»*, пер. Э. В. Дикс, George Routledge & Sons Ltd, Лондон, 1938.

*Э. Маллинс, *«Секреты Федеральной резервной системы»*, Le Retour aux Sources, 2010.

C.S. & R.L. Норберн, *«Новая денежная система: величайший шаг человечества»*, Omni Publications, Хоторн, Калифорния, 1972.

*Дж. Перкинс, *«Исповедь финансового убийцы»*, Alterre, 2005.

Э.Н. Петерсон, *«Хьялмар Шахт: за и против Гитлера: политико-экономическое исследование Германии, 1923–1945»*, The Christopher Publishing House, Бостон, 1954.

«Выступления Эзры Паунда» (Ezra Pound Speaking) Радиовыступления

времен Второй мировой войны, под редакцией Л. В. Дуба (L.W. Doob), издательство «Гринвуд Пресс» (Greenwood Press), Вестпорт, Коннектикут, 1978 г.

П.Дж. Преториус, «*Volksverraad, Die Geskiedenis agter die Geskiedenis*», «История центрального банковского дела», Libanon-Uitgewers, Моссселбай, Западный Кейп, Южная Африка, 1996.

**Протоколы сионских мудрецов*, Deterna, 2010.

*Муаммар Каддафи, «*Зеленая книга*», Hadès Éditions, Руан, 2015. www.hadeseditions.com

К. Куигли, «*Трагедия и надежда: история мира в наше время*», The Macmillan Company, Нью-Йорк, 1966.

А.Х.М. Рамзи, «*Безымянная война*», Omnia Veritas Ltd., 2014.

Р. В. Ремини, *Эндрю Джексон*, Twyne Publishers Inc., Нью-Йорк, 1966.

Дж. Робисон, «*Доказательства заговора против всех религий и правительств Европы, осуществляемого на тайных собраниях масонов, иллюминатов и читательских обществ, собранные из достоверных источников*», Western Islands, Белмонт, Массачусетс, 1967.

Дж. Э. Т. Роджерс, «*Первые девять лет Банка Англии*», Clarendon Press, Оксфорд, 1887.

А. Розенберг, «*Миф XX века*», The Noontide Press, Торранс, Калифорния, 1982.

Г. Рудольф, «*Разбор Холокоста: растущая критика «правды» и «памяти»*» (Серия справочников по Холокосту, 1), Theses & Dissertations Press, 2-е исправленное издание, 2003.

Дж. Райан-Коллинз, Т. Гринхэм, Р. Вернер, А. Джексон, «*Откуда берутся деньги: путеводитель по денежно-кредитной и банковской системе Великобритании*», New Foundation, Лондон, 2012.

Р.С. Сэйерс, «*Банк Англии 1891–1944*», Cambridge University Press, 1976.

Р. Э. Сёрч, «*Мученичество денег Линкольна*», Omni Publications, Палмдейл, Калифорния, 1989.

У. Г. Симпсон, «*Каким путем идти западному человеку?*», Yeoman Press, Куперстаун, Нью-Йорк, 1978.

Ф. Содди, «*Богатство, виртуальное богатство и долг*», G. Allen & Unwin, Лондон, 1933.

*О. Шпенглер, «*Закат Запада*», Gallimard, Париж, 1948.

Х. Стракош, «*Проблема южноафриканской валюты и обмена*», Йоханнесбург, Central News Agency Limited, 1920.

Дж. Г. Стюарт, «*Денежная бомба*», William Maclellan (Embryo) Limited, Глазго, 1984.

*А.К. Саттон, «*Уолл-стрит и большевистская революция*», Le Retour aux Sources, 2010.

И. Тарбелл, «*Краткая биография Наполеона*», S. S. McClure Limited, Нью-Йорк, 1895.

А.Дж.П. Тейлор, «*Истоки Второй мировой войны*», Хамиш Гамильтон, Лондон, 1961.

Х. А. Томас, «*Накопленный труд: новая теория денег*», 1991.

Г. М. Тревельян, «*История английского общества: обзор шести веков от Чосера до королевы Виктории*», Longmans Green and Co., Лондон, 1948.

«*Секретные документы — то, что скрывают от немцев*», Fz-Verlag, Мюнхен, 1993.

Л. Виллари, «*Итальянская внешняя политика при Муссолини*», Holborn Publishing Ltd, Лондон, 1959.

М. Уолш, «*Свидетель истории*», Historical Review Press, Акфилд, Сассекс, 1996.

Т. Э. Уотсон, «*Очерки из римской истории*», The Barnes Review, Вашингтон, округ Колумбия, 2011.

Н. Х. Вебстер, *Французская революция*, The Noontide Press, Коста-Меса, Калифорния, 1982.

Дж. Вайц, «*Банкир Гитлера Хьялмар Хорас Грили Шахт*», Little, Brown and Company, Лондон, 1999.

Р.Г. Вернер, «*Принцы иены*», M.E. Sharpe, Нью-Йорк, 2003.

Р. Макнейр Уилсон, «*Монархия или власть денег*», Eyre & Spottiswoode, Лондон, 1934.

*Ф.П. Йоки, «*Империя*», Omnia Veritas Ltd.

Содержание

Другие названия

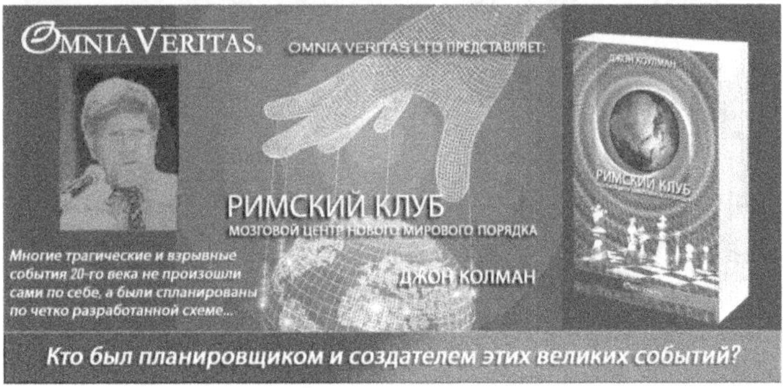

OMNIA VERITAS
OMNIA VERITAS LTD ПРЕДСТАВЛЯЕТ:
ДЖОН КОЛМАН
ИЕРАРХИЯ ЗАГОВОРЩИКОВ
ИСТОРИЯ КОМИТЕТА 300
Этот открытый заговор против Бога и человека включает в себя порабощение большинства людей...

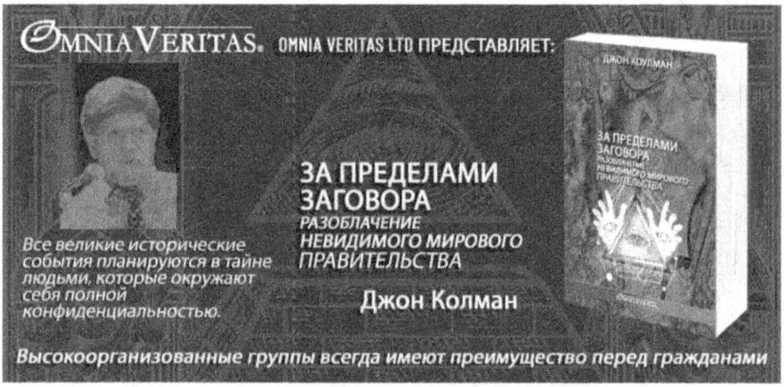
OMNIA VERITAS
OMNIA VERITAS LTD ПРЕДСТАВЛЯЕТ:
ЗА ПРЕДЕЛАМИ
ЗАГОВОРА
РАЗОБЛАЧЕНИЕ
НЕВИДИМОГО МИРОВОГО
ПРАВИТЕЛЬСТВА
Джон Колман
Все великие исторические события планируются в тайне людьми, которые окружают себя полной конфиденциальностью.
Высокоорганизованные группы всегда имеют преимущество перед гражданами

OMNIA VERITAS
OMNIA VERITAS LTD ПРЕДСТАВЛЯЕТ:
ДИКТАТУРА
СОЦИАЛИСТИЧЕСКОГО
МИРОВОГО ПОРЯДКА
Все эти годы, пока наше внимание было сосредоточено на зле коммунизма в Москве, социалисты в Вашингтоне были заняты тем, что воровали у Америки...
ДЖОН КОЛМАН
"Врага в Вашингтоне нужно бояться больше, чем врага в Москве"

OMNIA VERITAS
OMNIA VERITAS LTD ПРЕДСТАВЛЯЕТ:
ДЖОН КОЛМАН
ДИПЛОМАТИЯ ПУТЕМ ЛЖИ
РАССКАЗ О ПРЕДАТЕЛЬСКОМ ПОВЕДЕНИИ ПРАВИТЕЛЬСТВ ВЕЛИКОБРИТАНИИ И США
ДЖОН КОУЛМАН
ДИПЛОМАТИЯ ПУТЕМ ЛЖИ
История создания Организации Объединенных Наций - это классический случай дипломатии обмана

OMNIA VERITAS
OMNIA VERITAS LTD ПРЕДСТАВЛЯЕТ:
ВОЙНА НАРКОТИКОВ против АМЕРИКИ
Наркоторговлю невозможно искоренить, потому что ее руководители не позволят отобрать у них самый прибыльный рынок в мире...
ДЖОН КОЛМАН
ВОЙНА НАРКОТИКОВ против АМЕРИКИ
Настоящими поборниками этой проклятой торговли являются "элиты" этого мира

OMNIA VERITAS
OMNIA VERITAS LTD ПРЕДСТАВЛЯЕТ:
МАСОНСТВО
от А до Я
ДЖОН КОЛМАН
ДЖОН КОУЛМАН
МАСОНСТВО ОТ А ДО Я
В 21 веке масонство стало не столько тайным обществом, сколько "обществом тайн".
В этой книге объясняется, что такое масонство

OMNIA VERITAS
OMNIA VERITAS LTD ПРЕДСТАВЛЯЕТ:
НЕФТЯНЫЕ ВОЙНЫ
ДЖОН КОЛМАН
Исторический рассказ о нефтяной промышленности проводит нас через изгибы и повороты "дипломатии".
ДЖОН КОЛМАН
НЕФТЯНЫЕ ВОЙНЫ
Борьба за монополизацию ресурса, желанного для всех стран

OMNIA VERITAS
OMNIA VERITAS LTD ПРЕДСТАВЛЯЕТ:
ДИНАСТИЯ РОТШИЛЬДОВ
ДЖОН КОУЛМАН
ДИНАСТИЯ РОТШИЛЬДОВ
Джон Колман
Исторические события часто вызываются "скрытой рукой"...

OMNIA VERITAS
OMNIA VERITAS LTD ПРЕДСТАВЛЯЕТ:
ТАВИСТОКСКИЙ ИНСТИТУТ человеческих отношений
Формирование морального, духовного, культурного, политического и экономического упадка Соединенных Штатов Америки
Без Тавистока не было бы Первой и Второй мировых войн.
ДЖОН КОЛМАН
ДЖОН КОУЛМАН
ТАВИСТОКСКИЙ ИНСТИТУТ ЧЕЛОВЕЧЕСКИХ ОТНОШЕНИЙ
Секреты Тавистокского института человеческих отношений

www.ingramcontent.com/pod-product-compliance
Lightning Source LLC
LaVergne TN
LVHW010922061026
849535LV00007B/2192
* 9 7 8 1 8 0 5 4 0 4 8 5 9 *